Q&A で納得!
労働問題解決のために読む本

一般社団法人 日本労務研究会

はじめに

　近年、職場の労務管理に大きな影響を及ぼす労働法に関する改正が行われ、日常の労務管理を委ねられている人事・労務担当部門は改正内容などを直ちに把握する必要に迫られています。それとともに、メンタルヘルスや人間関係を含む職場の様々なトラブルにも対処することが求められており、そうした問題も法と実務に徹した合理的な解決が求められています。

　本書は、そうした状況を踏まえ、日常の職場で起こっている多岐に渡る問題の解決に向けた答えを、Ｑ＆Ａ方式で分かりやすく、簡明に実務に沿って解説しています。就業規則、労働時間、賃金、メンタルヘルス、出張・通勤災害など、日常直面する問題で、トラブルになると解決が求められる幅広い事項を網羅しています。

　質問項目の回答者には、弁護士など法律の専門家による解説に加え、項目内容によっては、コンサルタントや社会保険労務士などの専門家に説明してもらっています。本書は、通読するというよりは、各章ごと独立させて、編集しておりますので、職場管理と業務運営に関連した関心事の項目から読めるようになっております。しかし、基本的な法律知識が理解できる実学の書としての役割を果たすために、専門用語においては、スペースを設け、用語解説を掲載しております。

　なお、昨年９月に施行された改正労働者派遣法など最新の内容を盛り込んでおり、改正のポイントをＱ＆Ａ方式で把握できるようになっています。

　本書の内容は、月刊『人事労務実務のＱ＆Ａ』で連載された内容を精選したものです。本書が的確な職場管理、職場環境の改善に役立つことを願っています。

平成28年6月

編　者

目次

1 改正労働者派遣法と企業の対策

- **Q1** 新派遣法では、抵触日がなくなるそうですが派遣先は派遣労働者を長期的に活用できるのですか …………… 8
- **Q2** 派遣労働者単位の抵触日とはどのようなものでしょうか …………… 9
- **Q3** 派遣労働者が派遣先の組織単位で3年間就業した後はどうなるのですか …………… 10
- **Q4** 派遣先事業所単位の抵触日とはどのようなものでしょうか …………… 11
- **Q5** 派遣先で派遣労働者を受け入れて3年間が経過すると再度派遣労働者を受け入れられないのでしょうか …………… 13
- **Q6** 従来の政令26業務はどうなるのでしょうか …………… 15
- **Q7** 新派遣法の抵触日について、適用除外となる事項はありますか …………… 16
- **Q8** 平成24年に改正された労働者派遣法で定められた「労働契約申込みみなし制度」はどのようになりますか …………… 17
- **Q9** 特定労働者派遣事業の制度が廃止されるとなっていますが、廃止後はどうなりますか …………… 19
- **Q10** 派遣先で注意しなければならないことはほかにありますか …………… 21

2 これからの就業規則

- **Q11** 私傷病休職の規定はどのようにすればよいですか …………… 23
- **Q12** 服務規律を時代に合わせたものにしたいのですが …………… 27
- **Q13** 身だしなみ規定はどのようにすればよいですか …………… 31
- **Q14** 携帯電話の利用に関する規定はどうしたらよいですか …………… 35
- **Q15** 新型インフルエンザ対策のためにどのような規定を定めればよいでしょうか …………… 39
- **Q16** 「多様な働き方」という社会的な要請に対応できる在宅勤務規定を設けたいのですが …………… 43

Q17	私有自転車通勤規定を定めたいのですが	47
Q18	改正障害者基本法への対応で就業規則の改定は必要ですか	49
Q19	賃金引下げを可能とする規定例と具体的な手続きは	51
Q20	就業規則の不利益変更に労働者の同意はいるのですか	53
Q21	労働者の意見聴取はどの程度まで必要ですか	55
Q22	少数組合からも意見聴取しなくても合法ですか	56
Q23	過半数代表者の選定はどのようにすればよいですか	57

3　賃金の基礎から実践まで

Q24	管理職の賃金を減額する方法を教えてください	59
Q25	年俸制の支払方法はどのようにしたらよいですか	63
Q26	退職金から不正使用の返還金を控除できますか	65
Q27	時間帯別時給の場合、割増賃金の算定基礎はどうなりますか	67
Q28	行方不明従業員の妻から、残余賃金の請求がありましたが支払うべきですか	69
Q29	通勤手当の不正受給で返還請求できるのは２年分だけですか	71
Q30	減額予想される締切日の変更は許されますか	73
Q31	賃金控除協定にはどのような記載が必要ですか	75
Q32	社会保険料の控除不足分は翌月支給の賃金から控除してよいでしょうか	77
Q33	口座振込みに同意しない社員への対応はどうしたらよいですか	79
Q34	ドライバーの無事故手当は割増賃金の計算から除外できますか	81
Q35	歩合給がある営業職の割増賃金はどのように計算するのですか	83
Q36	大雪が予想されるときの早じまいに休業手当は必要ですか	85
Q37	１ヵ月の試用期間中に解雇予告するときの手当の計算は	87
Q38	メンタル不調で長期欠勤していた者の平均賃金の計算は	89
Q39	節電対策で休業したら休業手当は必要ですか	91
Q40	景気悪化でシフトが減ったときパートにも休業手当は必要ですか	93

Q41	免停の自動車運転者の自宅待機で休業手当は必要ですか ………	95
Q42	休業手当の支払い義務は派遣元が負うのですか ………………	97
Q43	成績に応じた完全歩合給は可能ですか …………………………	99
Q44	能力不足等による本給の引下げは1割までしか認められないのですか ………………………………………………………………	101
Q45	賃金が低下する賃金制度の改定はできますか …………………	103
Q46	ゼロ昇給や賃下げは違法ですか …………………………………	105
Q47	定額残業代は違法ですか …………………………………………	107

4 知らなかった！ 労働時間

Q48	携帯電話を持っていると事業場外みなし制は適用されないのですか ………………………………………………………………	109
Q49	勝手に残業・早出した場合でも労働時間になるのですか ………	111
Q50	管理監督者にも、始業・終業時刻を定めることはできますか ……	113
Q51	当社は割増賃金率5割の適用猶予になりますか …………………	115
Q52	大震災等で会社に宿泊するときは労働時間ですか ………………	117
Q53	バス運転者は1日何時間まで運転させられるのですか …………	119
Q54	訪問介護の移動時間は労働時間ですか …………………………	121
Q55	支社では企画業務型裁量労働制は導入できないのですか ………	123
Q56	派遣元への出勤は労働時間ですか ………………………………	125
Q57	昼休みの電話当番も労働時間ですか ……………………………	127
Q58	自己申告制による時間外労働時間の把握は問題ないですか ……	129
Q59	事業場外みなしで終業後に事業場内勤務があったときの労働時間の算定は …………………………………………………………	131
Q60	少人数の直営店舗展開では店舗ごとに時間外労働協定が必要ですか ………………………………………………………………	133
Q61	1年変形の途中適用者の賃金清算はどうするのですか …………	135
Q62	限度時間を超える時間分の時間外協定はできないのですか ……	137
Q63	道路貨物運送業での時間外協定のポイントは …………………	139

Q64	始業・終業時刻、休日の変更を柔軟にできるように、就業規則を改定したい	142
Q65	時間外労働協定の限度時間を超えて働かせたらどうなりますか	144
Q66	月60時間超の時間外はどの時点からカウントするのですか	146
Q67	事業場外みなしの労使協定の合意ができない場合どうなるのですか	148
Q68	1ヵ月変形制を労使協定で行う際の就業規則の記載はどうすべきですか	150
Q69	1年変形の期間開始後に労働日、労働時間を変更できないのですか	152
Q70	専門業務型裁量制で定時会議への出席を義務づけられますか	154
Q71	時間外労働協定を有効期間の途中で変更できますか	156
Q72	6時間以下の派遣スタッフの休憩は正社員と別でよいですか	158
Q73	訪問介護について事業場外みなしを適用できますか	160
Q74	看護師の宿直勤務に時間外割増賃金は必要ですか	162
Q75	在宅勤務者の労働時間はどのように把握すればよいですか	164

5　休暇制度の整備と運用

Q76	「休職」とはどんな制度をいうのですか	166
Q77	私傷病休職制度がないとどうなりますか	168
Q78	休職制度があると、休職を経ずに解雇することはできませんか	170
Q79	精神疾患に対応する休職規定の制定のポイントは	172
Q80	休職中の従業員の処遇、取扱いはどうすべきですか	176
Q81	どのようなときに休職を適用すればよいですか	180
Q82	休職開始前にどのようなことを取り決めておけばよいですか	182
Q83	休職終了の判断はいつどのように行いますか	184
Q84	休職する者が出た職場ではどのようなことをすべきですか	186
Q85	医師に受診しないまま欠勤を続ける社員に指定医への受診を命令できますか	188

Q86	休職を命じても従わない者は解雇できますか	190
Q87	断続的な欠勤でも休職の命令を可能にするにはどのように規定すればよいですか	192
Q88	飲酒運転で交通事故を起こし入院、懲戒解雇を優先できますか	194
Q89	似たような症状で休職を繰り返す者にはどのように対処したらよいですか	196
Q90	休職期間中の賃金の負担が重いため期間短縮や賃金減額できますか	198
Q91	復職判断時に提出させる診断書の料金は誰が払うべきですか	200
Q92	復職後残業のない部署・業務への配転により基本給を引き下げることが可能ですか	202
Q93	ボランティア休暇制度の適用を制限できますか	204
Q94	裁判員休職制度を設ける必要はありますか	206
Q95	組合から組合専従休職者に賃金を支給してほしいと要望されたのですが	208
Q96	病気休職者から年休を請求されたが与えなければなりませんか	210
Q97	病気休職者でも産前産後休業、育児休業を請求できますか	212
Q98	メンタル疾患休職者が休職時の約束を守らないが懲戒処分できますか	214
Q99	私傷病休職者が遊興していたが賃金減額はできますか	216
Q100	私傷病休職者が会社に無断でアルバイトしていたが解雇できますか	218
Q101	休職無効の仮処分が申し立てられましたが、どうなるのですか	220

6 出張・転勤の実務

Q102	出張業務と外勤業務はどう違うのですか	222
Q103	出張中の移動時間は労働時間ですか	224
Q104	出張拒否にどのように対応すべきですか	226
Q105	裁量労働適用者に出張を命じるには特段の規定が必要ですか	228

Q106	出張中に宿泊先へ向かう途中の負傷は労災になりますか	230
Q107	出張後に私用で宿泊した帰路の負傷は労災になりますか	232
Q108	海外出張先で武力攻撃に巻き込まれたときは労災になりますか	234
Q109	紛争地域への海外出張命令は本人の同意が必要ですか	236
Q110	海外出張者に出張前の健康診断の受診命令ができますか	238
Q111	転勤は就業規則等に明記していないと命令できないのですか	240
Q112	転居を伴わない配転でも本人の同意が必要ですか	242
Q113	一般職に対しては転勤を命じられないのですか	244
Q114	セクハラ、パワハラを理由とする転勤命令は有効ですか	246
Q115	海外出張中の病気は健康保険と旅行傷害保険のどちらを活用すべきでしょうか	248
Q116	マイレージを会社帰属にするにはどのように管理したらよいですか	250
Q117	人事異動発令と転勤までの手続きを教えてください	252
Q118	転勤時の諸手当の支給の適否や水準について教えてください	256
Q119	単身赴任者の手当は、どれくらい支給されているのですか	258
Q120	海外出張中のケガに労災保険は適用されますか	260
Q121	海外出張中、勤務地に赴く途中の事故は通勤災害ですか	262
Q122	海外出張中の病気について健康保険の手続きはどうなりますか	264
Q123	海外勤務時は現地の社会保険に加入しなければならないのですか	266
Q124	海外勤務中に退職した者は雇用保険がもらえますか	270

1 改正労働者派遣法と企業の対策

Q1 新派遣法では、抵触日がなくなるそうですが派遣先は派遣労働者を長期的に活用できるのですか

A 人単位と事業所単位の抵触日が

　労働者派遣法は、派遣先の「臨時の忙しさ」に対して派遣労働者を受け入れることを立法理念としている法律です。

　したがって、派遣先は派遣労働者を「臨時の忙しい期間」のみ受け入れることが原則となっており、これを「派遣労働者の受入期間制限」といい、制限を超過する日を「受入期間制限に抵触する日(いわゆる『抵触日』)」といいます。

　新派遣法では、抵触日はなくなりません。今までとは異なり、派遣労働者個人単位と派遣先事業所単位という2つの異なる抵触日が提案されています。

　ただし、同一の業務について抵触日を迎えた後に、再度派遣労働者を受け入れるまでの空白期間(通称『クーリング期間』)をおく必要がなくなります。

　したがって、抵触日がなくなるのではなく、同一の業務についてのクーリング期間がなくなる予定です。

ひとくちメモ

●抵触日
　旧労働者派遣法第40条の2第1項では、派遣先が労働者派遣を受け入れる期間を同一業務で原則1年とし、1年を超え3年以内と定めるときは、過半数労働組合か過半数労働者の代表の意見を聞かなければならないと定めていました。改正法では、第1項で「派遣先は……派遣可能期間を超える期間継続して労働者派遣の役務の提供を受けてはならない」とし、第2項で派遣可能期間は「3年」と定められました。この3年経過日が1つの抵触日となります。

Q2 派遣労働者単位の抵触日とはどのようなものでしょうか

A 個人単位では同一組織で3年を限度に

　新派遣法第35条の3では、派遣労働者単位の抵触日について次のように定めています。

　「派遣元事業主は、派遣先の事業所その他派遣就業の場所における組織単位ごとの業務について、3年を超える期間継続して同一の派遣労働者に係る労働者派遣を行ってはならない。」

　これまでは、派遣労働者個人単位の派遣期間制限はありませんでしたので、全く新しい制度です。

　この組織単位は「業務としての類似性や関連性がある組織であり、かつ、その組織の長が業務の配分や労務管理上の指揮監督権限を有するものであって、派遣先における組織の最小単位よりも一般に大きな単位」（派遣先が講ずべき措置に関する指針）と定められています。

　厚生労働省は「従来の同一の業務（組織の最小単位における業務）が『係』であった場合、組織単位は『課』を想定している」と説明しています（図1参照）。

　1人の派遣労働者は、この組織単位に継続して3年間を限度に派遣就業することができます。

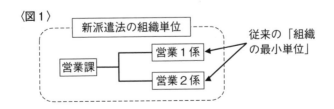

〈図1〉

Q3 派遣労働者が派遣先の組織単位で3年間就業した後はどうなるのですか

A 組織単位で異なればさらに3年間可能

　派遣先事業所を別にして派遣就労することができるほか、同じ派遣先の事業所内でも組織単位が異なれば、さらに3年間派遣就業が可能です。

　組織単位を変更してさらに3年間派遣就業することは、異なる業務に従事することで職域が広がり派遣労働者のキャリアアップにつながると考えられるからです（図2参照）。

図2　派遣労働者「人」単位の期間規制

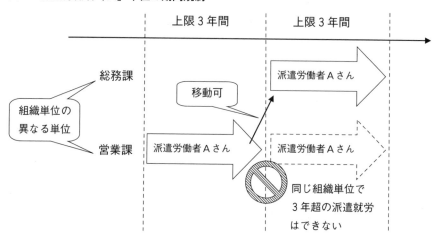

Q4 派遣先事業所単位の抵触日とはどのようなものでしょうか

A 派遣労働者が異なっても期間制限がかかる

　新派遣法第40条の２では、派遣先事業所単位の抵触日について次のように定めています。
「派遣先は、当該派遣先の事業所その他派遣就業の場所ごとの業務について、派遣元事業主から３年を超える期間継続して労働者派遣の役務の提供を受けてはならない。」
　これまでは図１のように、派遣先における組織の最小単位で派遣労働者の受入を管理してきましたが、新派遣法では派遣先の事業所という大きな枠で管理することが求められます。
　次頁の図３では、派遣先のＸ商事東京営業所単位で派遣労働者を受け入れることできるのは、派遣労働者Ａさんの総務課への受入日から３年間が限度となります。
　したがって、派遣労働者Ｂさんが派遣労働者単位の抵触日（Ｑ２参照）まで３年間就業する権利を有していても、Ｘ商事東京営業所がＡさんを受け入れて３年経過すると、Ｂさんは３年未満でもＸ商事東京営業所で働くことができなくなります。

図3　派遣労働者「事業所」単位の期間制限

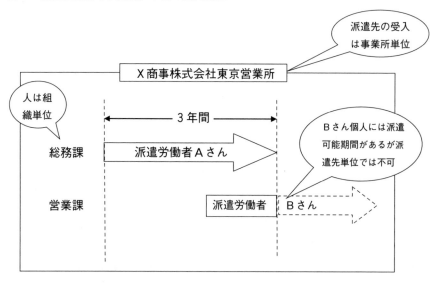

Q5 派遣先で派遣労働者を受け入れて3年間が経過すると再度派遣労働者を受け入れられないのでしょうか

A 過半数労働組合などの意見を聴取する必要がある

　新派遣法第40条の2では「派遣先は、派遣先の事業所その他派遣就業の場所ごとの業務について、派遣元事業主から3年を超える期間継続して労働者派遣の役務の提供を受けようとするときは、当該派遣先の事業所その他派遣就業の場所ごとの業務に係る労働者派遣の役務の提供が開始された日から第1項に抵触する日（3年）の1ヵ月前までの間（「意見聴取期間」という）に、厚生労働省令の定めるところにより労働組合等の意見を聴取し、派遣可能期間を3年を限度に延長することができる。」と定めています。

　つまり、X商事東京営業所で労働組合等の意見を聴取することで、東京営業所全体で派遣労働者を受け入れられる期間がさらに3年間を限度に延長できるということです。

　意見を聴取すべき対象は、派遣先の事業所その他派遣就業の場所ごとに、派遣先で雇用される労働者の過半数で組織される労働組合があれば当該労働組合、そのような労働組合が存在しない場合は労働者の過半数を代表する者となります。

　この意見聴取ができる期間は限定されており、次頁の図4のとおり派遣先事業所単位の抵触日1ヵ月前までとなっていますから、派遣先は忘れないように意見聴取を実施しなければなりません。

　労働組合等が派遣労働者の受入期間延長に異議を述べた場合はどうなるのでしょうか。

　派遣先は、派遣先事業所単位の抵触日（図4では平成31年4月1日）までの間に延長の必要性や、労働組合等が述べた異議に対し会社としてどのような方針で対応するかを説明する義務があります。

「意見聴取」については労働組合等の同意を要するという内容ではありませんので、労働組合等から異議が述べられても意見を聴取する手続が行われることで派遣労働者受入期間の延長の効果は発生します。
　しかし、新派遣法第40条の２第６項では「派遣先は、意見の聴取および異議かあった場合に行う説明は、法律にのっとり誠実に行わなければならない」と定めていますから、異議が述べられた場合には慎重に対応し、受入期間の延長について判断すべきでしょう。

図４　事業所単位の期間規制で３年を超える場合

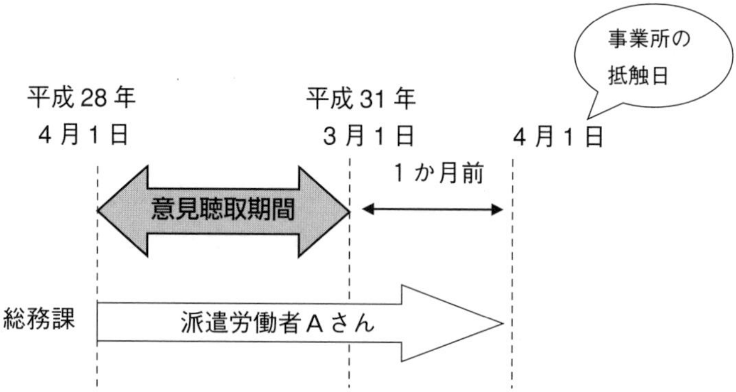

平成28年4月1日　　平成31年3月1日　　4月1日

意見聴取期間　　１か月前

事業所の抵触日

総務課　派遣労働者Ａさん

Q6 従来の政令26業務はどうなるのでしょうか

A 新たな派遣契約から3年間の期間制限がかかる

　従来の政令26業務は、抵触日がない特別な業務として同一の派遣労働者を長期に派遣先の同一の業務に派遣することができました。

　しかし、新派遣法では抵触日の考え方そのものが変わりますので政令26業務の区分はなくなります。

　したがって、政令26業務に従事する派遣労働者も1人につき派遣先の組織単位ごとの業務に上限3年間までしか派遣就業できなくなります。

　なお、この新しい派遣労働者個人単位の抵触日は、新派遣法が施行された平成27年9月30日以降に締結される労働者派遣契約（派遣元事業主と派遣労働者との労働契約ではなく、派遣先と派遣元事業主との法人間の契約）から適用されますので、施行日前に締結された労働者派遣契約が有効な期間は従来の労働者派遣法が適用されることになります。

ひとくちメモ

●26業務

　旧労働者派遣法では、第40条の2第1項で労働者派遣の期間を原則1年としていましたが、「当該業務に係る労働者派遣が労働者の職業生活の全期間にわたるその能力の有効な発揮及びその雇用の安定に資すると認められる雇用慣行を損なわないと認められるものとして政令で定める業務」は例外として制限をしていませんでした。その具体的なものとしては、旧同法施行令第4条及び第5条でコンピューターのプログラマーやシステムエンジニア、事務用機器の操作の業務、ファイリングの業務などが列挙されていました。現在、第4条では日雇派遣も可能な18の業務が示されています。

Q7 新派遣法の抵触日について、適用除外となる事項はありますか

A 派遣元で期間の定めのない契約の派遣労働者など

　次の①〜⑤については、派遣労働者単位の抵触日および派遣先事業所単位の抵触日の両方について適用除外となっています。
　派遣先事業所単位の抵触日管理では、労働組合等の意見聴取がなくても受入期間を3年以上とすることができます。
① 派遣元事業主と期間の定めのない労働契約を締結している派遣労働者
② 雇用の安定のために特別な配慮が必要な労働者として厚生労働省令で定める派遣労働者（60歳以上の派遣労働者）
③ 一定期間内に完了が予定されている業務（従来の「有期プロジェクト業務」）への派遣労働者
④ その業務が1ヵ月に行われる日数が、当該派遣先の通常の労働者の1ヵ月の所定労働日数に比して相当程度少なく（半分）かつ厚生労働省で定める日数（10日）以下の業務（従来の「日数限定業務」）への派遣労働者
⑤ 産前・産後休業、育児休業、介護休業の代替要員としての派遣労働者

Q8 平成24年に改正された労働者派遣法で定められた「労働契約申込みみなし制度」はどのようになりますか

A 法改正後の新たな抵触日に読みかえて適用に

　労働契約申込みみなし制度とは、派遣先が違法な派遣労働者の受入と知りながら派遣労働者を使用した場合に、派遣先から当該派遣労働者に対して黙示の労働契約申込みを行ったこととして取り扱うという内容です。

　この制度は、平成27年10月1日に施行されました。

　この制度の対象になる違法な派遣労働者の受入とは次の4点です。

① 派遣労働者を従事させることが禁止されている適用除外業務（港湾運送業務、建設の業務、警備業務、病院等における医療関係業務など）に派遣労働者を就業させた場合

② 許可・届出をしていない派遣元事業所から派遣労働者を受け入れた場合

③ 新派遣法第40条の2に定める抵触日を経過して派遣労働者を就業させていた場合

④ いわゆる偽装請負の場合

　改正後もこの内容に大きな変化はありませんが、③の抵触日については、改正後の内容である抵触日に読みかえられますから、派遣先では派遣先事業所単位はもちろんのこと派遣労働者個人単位の抵触日の管理も派遣元事業主と連携して実施しなければならないでしょう。

図5　派遣先受入イメージのまとめ

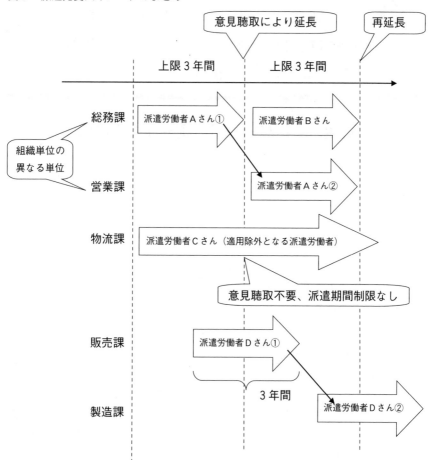

Q9 特定労働者派遣事業の制度が廃止されるとなっていますが、廃止後はどうなりますか

A すべて許可制となり許可基準を満たす必要がある

　新派遣法では、従来の「特定労働者派遣事業」「一般労働者派遣事業」という区分がなくなり、すべて許可制の労働者派遣事業となりました。

　新派遣法施行時に一般労働者派遣事業の許可を有していた派遣元事業主は、特に手続を行うことなく新派遣法に基づく労働者派遣事業の許可を有しているものとみなされます。

　また、新派遣法施行後には特定労働者派遣事業の区分は廃止されたのですが、施行前に特定労働者派遣事業の届出を行っていた派遣元事業主は、平成30年9月29日までの経過措置期間が設けられ、この期間については従来の特定労働者派遣事業の届出受理番号により労働者派遣事業を行うことができます。

　ただし、特定労働者派遣事業を行う派遣元事業所を増設（支店等を増やすこと）はできません。

　新派遣法に基づく労働者派遣事業の許可基準では、派遣元事業主に必要な財務要件は従来の一般労働者派遣事業の許可基準と同内容になりました。

　特定労働者派遣事業を行う派遣元事業主には、中小零細の事業主も多いことから、新派遣法に基づく許可基準の財務要件を満たすことができず経過措置期間終了後は廃業し、派遣労働者の雇用の安定が損なわれるおそれもあります。

　このため、常時雇用される派遣労働者が10人以下の中小企業事業主（中小企業法に基づく中小企業、以下同じ）である派遣元事業主には、前出の経過措置期間とは別に、新労働者派遣事業の許可取得にあたり財務要件が緩和される措置が特別に設けられることになりました。

　この緩和の措置は、常時雇用する派遣労働者が5人以下の中小企業事業主については平成30年9月29日までの3年間、常時雇用される労働者が5

人を超え10人までの中小企業事業主については「当面の間」適用されます（図6参照）。

図6　中小企業の派遣元事業主に対する財務要件の緩和の措置

　新派遣法に基づく労働者派遣事業の許可基準のうち、財務要件については、通常①～③のすべてを満たさなければならないとされています。
①　基準資産額（決算時の貸借対照表の「資産の部の総額」－「負債の部の総額」）
②　基準資産額のうち現金・預金の額
③　「負債の部の総額」の7分の1≦基準資産額

　中小企業の派遣元事業主については①②の金額について以下のとおり緩和の措置が設けられています。

	財務要件の内容	適用期間
通常の財務要件	①2,000万円 ②1,500万円	
常時雇用する派遣労働者10人以下	①1,000万円 ②　800万円	当面の間
常時雇用する派遣労働者5人以下	①　500万円 ②　400万円	平成30年9月29日まで

> **ひとくちメモ**
>
> ●特定派遣
> 　旧労働者派遣法第2条第5号では、特定労働者派遣事業について「その事業の派遣労働者（業として行われる労働者派遣の対象となるものに限る。）が常時雇用される労働者のみである労働者派遣事業をいう。」と定義されていました。これに対して、一般労働者派遣事業については、同条第4号で「特定労働者派遣事業以外の労働者派遣事業をいう。」と定められていました。

Q10 派遣先で注意しなければならないことはほかにありますか

A 新たに求人情報の周知義務や教育訓練実施の配慮義務が設けられた

　新派遣法では、派遣先にも様々な義務が設けられました。
　主な内容を紹介します。
① 　求人情報の周知義務
　派遣労働者を受け入れている派遣先で、直接雇用する労働者を募集するときは、一定の場合に派遣労働者に対してこの求人内容を周知する義務があります。
　ただし、その求人の内容が、「新卒の総合職」など明らかに現在派遣就業している労働者について応募要件を満たさない場合は、周知する必要はありません。
　求人情報の周知は、掲示板への掲示や、派遣元事業主を通じて情報提供する等の方法によることができます。
② 　教育訓練参加への配慮義務
　派遣労働者と派遣先で直接雇用される労働者が同じ業務に従事しており、派遣先で直接雇用される労働者に対して実施している教育訓練がある場合、派遣労働者もこの教育訓練に参加できるよう配慮しなければなりません。
　なお、派遣先責任者は、派遣労働者に対して教育訓練を実施した場合は、派遣先管理台帳にその旨を記載しなければなりません。
③ 　福利厚生施設の便宜供与
　福利厚生施設のうち「更衣室」「休憩室」「食堂」を有する派遣先は、派遣労働者もこれらの施設が利用できるように配慮しなければなりません。
④ 　均衡処遇のための情報提供
　派遣元事業主は、派遣労働者の待遇を決定するにあたり、派遣先に直接

雇用される労働者で派遣労働者と同じ業務に従事する労働者の賃金水準等を考慮することになっています。

　このため、派遣元事業主から依頼があったら、派遣先は賃金や労働者の処遇に関する情報の提供に努めなければなりません。

⑤　派遣元と派遣先との連携

　教育訓練の実施ほか、特にハラスメントなどの苦情処理において、迅速かつ的確に苦情を解決するためにも、派遣元責任者と派遣先責任者の連携が求められます。

　労働者派遣事業は、派遣先が派遣元の実務サービスに頼ってしまいがちですが、派遣先にのみ課せられた義務もありますから、ぜひ理解を深めて適正な派遣労働者の受入をすすめていただきたいです。

(社会保険労務士・田原咲世)

2 これからの就業規則

Q11 私傷病休職の規定はどのようにすればよいですか

当社の私傷病休職の規定は、ごく簡単な定めを置いているだけで、最近多いメンタルヘルス疾患に対応できていないと感じています。特に、断続的に欠勤する社員に対しては休職規定も適用できず、苦慮しています。

A メンタルヘルスに対応できる規定の整備が必要

ポイント メンタル不調による欠勤に対処するため、欠勤を断続して繰り返す場合は、同一の事由だけではなく、類似の事由でも通算する旨の規定を置くことが必要です。

---

1 私傷病休職に関する就業規則を作成する場合の留意点

脳・心臓疾患および精神障害などの労災補償状況（平成27年6月25日厚生労働省発表）によれば、精神疾患に関して労災補償の請求件数および支給決定件数はいずれも増加傾向にあります。このような状況のもと、各社においても精神疾患に罹患した社員の労務管理の判断に悩む場合も多いと思われます。

そもそも労働契約は、労働者が労務を提供し、使用者がこれに対して賃金を支払うことが本質的な要素です。そして、精神疾患に罹患した労働者が労務を提供することができない場合には、普通解雇をせざるを得ないのが原則となります。しかし、多くの会社ではこのような場合に直ちに普通解雇するのではなく、私傷病休職という制度を適用し、普通解雇を猶予しているようです。そこで、以下、私傷病休職制度を制定する場合の留意点を説明することにします。

私傷病休職制度とは、私傷病に罹患した労働者を就労させることが不能または不適当な事由が生じた場合に、労働関係を存続させつつ労務への従事を免除ないし禁止する措置をいいます。就業規則で休職制度を設けている企業も多いと思われますが、私傷病休職制度の内容についての法規制はありません。それ故、いかなる要件で私傷病休職制度を適用し、私傷病休職期間中に賃金を支払うのか否か、病状の報告義務を課すのか否か、私傷病休職期間が満了した場合にどのような効果を付与するのか、再度の休職を認めるのか等は合理的な内容のものである限り、使用者が決定することができます。そして、その内容は企業によって異なりますが、最大公約数的にその内容を指摘すると、①業務外の傷病による長期欠勤が一定期間に及んだ場合等に発令され、②休職期間中に回復し就労可能となれば復職となるが、回復しなければ休職期間満了時に自動退職または解雇されるというものです。

2　断続的に欠勤する社員への対応

　精神疾患の場合、長期間連続して欠勤するのではなく、断続的に欠勤することも珍しくありません。そして使用者としては業務を付与することも難しく結局、軽易な業務を付与することしかなくなってしまうことも想定されます。このような場合には、むしろ一定期間、社員の労務提供義務を免除し、療養に専念させるため休職発令することが適切であると考えられます。しかし、例えば、休職発令の要件として就業規則に「2ヵ月以上連続して欠勤を継続したとき」とあるだけでは、休職発令の要件を満たすことは容易ではありません。

　そこで、次のような規定を定めておくことが考えられます。

　「2ヵ月間、欠勤を継続した場合には、休職を発令することができる。この場合、同一または類似の事由により欠勤した場合の欠勤期間は前後通

> **ひとくちメモ**　●就業規則
> 　労働基準法第89条では「常時10人以上の労働者を使用する使用者は、次に掲げる事項について就業規則を作成し、行政官庁に届け出なければならない。次に掲げる事項を変更した場合においても、同様とする。」として第1号から第10号までの労働時間や賃金に関する事項を列挙しています。

算する。」

　精神疾患ではさまざまな診断名がつけられることがあり、「同一の事由」といえるか否かの判断が困難な場合がありますので、「同一の事由」だけでなく「類似の事由」も含めておくことが重要です。

　また、必ずしも欠勤が一定日数に達することを要するものではなく、直ちに休職を命ずることが適切な場合もあります。そのような場合に対応するために休職を命じることができる事由として「その他前各号に準じる事由があり、会社が休職させる必要があると認めたとき」を挙げておくことでも対応は可能です。なお、この対応をするためには、私傷病故に労務の提供ができないことを判断するために使用者としては主治医や産業医の意見を聴取しておくことが適切であることはいうまでもありません。

　なお、現在、私傷病休職制度が就業規則で制定されている会社が、その要件、効果を変更する場合は、就業規則の不利益変更に該当するものと考えられますが、メンタルヘルス不調により欠勤する労働者が増加している現状等を考慮すれば、このような変更を行う必要性は認められるものと考えられます（野村総合研究所事件　平20・12・19　東京地判参照）。

3　復職を申し出てきた社員への対応

　復職の要件としては、休職事由が消滅したこと、すなわち、休職事由となった私傷病が治癒（寛解）したことが必要であると定めている場合が多いでしょう。

　「治癒」したといえるためには、原則として、従前の職務を通常の程度に行える健康状態に回復したことを要するものと解されます。しかし、裁判例は、そのような状態になくても、職種限定の有無を問わず、当初は軽易な職務に就かせれば程なく従前の職務を通常の程度に行うことができると予測できる場合には、復職を認めるのが相当としています（職種限定でない事案として、独立行政法人N事件　平16・3・26　東京地判、職種限定の事案として、カントラ事件　平14・6・19　大阪高判）ので、注意が必要です。

　なお、「程なく」とはどの程度の期間かが問題となります。裁判例の中には、「直ちに100パーセントの稼働ができなくとも、職務に従事しながら、

2、3ヵ月程度の期間を見ることによって完全に復職することが可能であった」と推認して、休職期間満了による退職を無効としたものがあり（北産機工事件　平11・9・21　札幌地判）、他方で、当初担当すべき業務量は従前の半分程度でその期間としては半年程度を要するとの主治医の意見書に対して、「半年という期間は、いかにも長く……実質的な休職期間の延長というべき内容」としたものがあります（前記独立行政法人N事件）。

　これらの裁判例からすると、実務的には概ね2、3ヵ月程度と考えておけばよいと思われます。

4　復職後に欠勤する社員への対応

　復職後に使用者が就業上の配慮を講じても、欠勤や休職が繰り返される場合があります。

　このような事態が生じないようにするには、例えば、①「復職後6ヵ月以内に同一または類似の事由により欠勤するときは、欠勤開始日より休職とし、休職期間は復職前の休職期間と通算する。ただし、残存期間が3ヵ月に満たない場合は休職期間を3ヵ月とする」、あるいは、②「同一または類似の事由による休職は1回限りとする」、③「休職が複数回に及ぶときは、休職事由を問わず、その期間は3年を超えることができない」との規定を設けることが考えられます。

（弁護士・岩本充史）

ひとくちメモ

●休職と就業規則

　休職に関しては、労働基準法第89条では、具体的に記載されていませんが、第10号の「当該事業場の労働者のすべてに適用される定めをする場合においては、これに関する事項」に該当すると考えられています。

Q12 服務規律を時代に合わせたものにしたいのですが

近年のインターネットの普及およびモラル低下に伴い、社用パソコンを私的に利用する社員、個人のブログ、ツイッター等に会社の情報を掲載する社員や、社内賭博、飲酒運転等の犯罪行為に及ぶ社員、多重債務等の私生活上の問題を抱える社員、欠勤の連絡を当日始業後にメールで行うなど常識を欠く社員などが、見受けられるようになりました。また、残業代目当てに不必要な残業をしたり、副業をする社員もいるようです。こうした事態を踏まえ、今後服務規律をどのように規定したらよいでしょうか。

A パソコンには休憩時間も含めて私的使用の禁止規定を

ポイント 社用パソコンの私的利用は、会社の施設管理権を根拠にこれを禁止することが可能です。また、個人のブログ等への会社情報の掲載は、従来の秘密保持義務規定等に加え、秘密に該当しない情報についての漏洩を禁止する規定を設けるべきでしょう。他方、犯罪行為や多重債務等について禁止規定を置くには、当該行為により業務に影響を及ぼすことが要件になります。欠勤の連絡については、当社の実情等に鑑み、適宜の方法を定めるべきでしょう。不必要な残業をする社員には残業禁止命令を検討し、副業については、事前許可制とするのがよいでしょう。

1 パソコンの使用

労働者は、勤務時間中は会社の指示に従い、業務遂行に専念しなければならず、多くの会社では、このような職務専念規定を就業規則中に設けていると思います。そして、社用パソコンの私的利用に関しては、勤務時間中であれば、当該規定を根拠に禁止することができます。これに対し、休憩時間の場合は、職務専念義務規定では対応できないので（労働基準法（以

下「労基法」という。）第34条第3項参照)、会社は、施設管理権に基づき、休憩時間中であっても、社用パソコンの私的利用を認めない旨の規定を置く必要があります。この場合、禁止規定の実効性確保のため、社用パソコンのデータをチェックできる旨の規定も設けるとよいと思います（社内パソコン内の電子メールを会社がチェックすることについて、監視の目的、手段等に鑑み、社会通念上相当な範囲を逸脱した監視がなされた場合に限り、社員のプライバシーの侵害となるとした事案として、F社電子メール事件　平13・12・3　東京地判　労働判例（以下「労判」という。）826号76頁）。

　また、多くの会社では、就業規則中に営業秘密の保持義務や秘密の漏洩禁止の規定を設けていると思いますが、ご質問にある、ブログ・ツイッター等への会社情報の掲載についても、基本的には当該規定により対応が可能といえます。しかし、これらの規定で対応が可能なのは、当該会社情報が、「営業上の秘密」に該当する場合ですが、日頃から秘密として管理していない情報であるとしても、その内容や掲載の仕方等によっては、社員による掲載という行為自体により、会社の信頼やイメージを損なうといった不利益が生じる可能性があるといえます。そうすると、従来の秘密保持義務等の規定に加えて、秘密として管理されていない会社の情報をも、他に漏らさない旨の規定を設けることが必要と考えます。

2　服務規律と懲戒

　さて、雇用契約は、労働者の私生活についてまで一般的支配を及ぼし得るものではないので、ご質問にある社内賭博のように企業秩序を明らかに侵害する場合は別として、飲酒運転などの社外での犯罪行為や多重債務といった私生活上の問題について、服務規律に規定のうえ、懲戒の対象とする場合は、当該行為により企業秩序に影響が及ぶことが要件となります（国鉄中国支社事件　昭49・2・28　最一小判　民集28巻1号66頁）。したがって、これらの行為の規制としては、個別の行為を想定するのではなく、包括的に企業秩序を乱すかそのおそれのある行為を禁止する、という規定の仕方になると思います。

　また、欠勤の連絡として、当日の始業時間後に、メールで年休取得の連

絡をしてくる社員がいるようですが、労基法第39条の趣旨からすると、このような事後請求という概念は成り立ちませんし、会社としてこれに応じる義務もありません。したがって、病気欠勤の際の年休取得については、会社の実情に応じて適宜定めることができます。もっとも、従前このような申し出に応じるということが慣行となっている場合に、当該慣行と異なる就業規則の規定を設ける際には、事前に当該慣行を廃止する旨を周知させる必要があるといえます。

　そして、不必要な残業を規制するには、既存の時間外労働命令に関する規定（例：事前許可制など）を徹底するほか、従わずにダラダラと残業をする社員には業務命令として残業禁止とすることも検討すべきでしょう。副業については、長時間労働に起因する健康障害の原因となる可能性があるので、基本的には事前許可制とするのがよいでしょう。

（弁護士・本田敦子）

◆ 参考文献 ◆
安西愈「トップ・ミドルのための採用から退職までの法律知識」
石井妙子「『問題社員』対応の法律実務」（日本経団連出版）
菅野和夫「労働法」第9版（弘文堂）
高井伸夫法律事務所編「現代型問題社員対策の手引」第3版（民事法研究会）
渡邊岳「詳細！最新の法令・判例に基づく『解雇ルール』のすべて」（日本法令）

規定例

- 社員は、会社が貸与した電子端末（以下「パソコン」という。）を業務遂行に必要な範囲で使用するものとし、私的に利用してはならない。

- 会社は、必要と認める場合には、社員に貸与したパソコン内に蓄積されたデータ等を閲覧することができる。

- 在職中、業務上知り得た事項および会社の不利益となる事項を、ブログ・ツイッター等のインターネット上に掲載するなどして、他に漏らしてはならない。

- その他、上記各号に準ずる事項で企業秩序を乱し、またはその恐れを発生させてはならない。

- 遅刻・欠勤について事前に承認が得られない事情があれば、事後速やかに所属長に届け出て、その承認を得なければならない。

- やむを得ず時間外労働の必要性が生じた場合、従業員は事前に所属長に申し出て、許可を得なければならない。従業員が、会社の許可なく業務を実施した場合、当該業務に該当する部分の通常賃金および割増賃金は支払わない（注：後段の規定をもとに、会社が割増賃金の支払いを必ず免れるわけではありません）。

- 社員は、事前に許可を受けなければ他の職に就いてはならない。

Q13 身だしなみ規定はどのようにすればよいですか

　社員の身だしなみについて、従来問題とされていた男性社員のロンゲ（長髪）、茶髪に加え、男性社員のピアス着用や女性社員の華美なネイルアートなども目につくようになりました。また近年、夏はクールビズの普及により、服装にもばらつきが見られるようになりました。そこで、就業規則において、身だしなみ規定を設ける際の具体例や留意事項を教えてください。

A 業務内容や就業場所によるので、一般的・包括的な規定に留め、細則を

ポイント　会社には、企業秩序を維持するために、社員に対し服務規律を定立する権利があり、社員にはこれを遵守する義務があると解されますが、髪型や服装といった身だしなみについては、個人の人格や自由に属する事柄でもあるので、一律に規制することは困難といえます。それぞれの企業の業務内容や業務遂行場所・方法などに鑑み、それぞれ就業に適した髪型・服装を検討されるべきといえます。

1　秩序義務

　判例において、「企業秩序は、企業の存立と事業の円滑な運営の維持のために必要不可欠なものであ」るので、企業は企業秩序を定立し維持する権限を有し、他方労働者は、「労働契約を締結して企業に雇用されることによって、企業に対し、労務提供義務を負うとともに、これに付随して、企業秩序遵守義務」を負うと解されています（富士重工業事件　昭52・12・13　最三小判　民集31巻7号1037頁）。

2　身だしなみ規定

　そのため、多くの企業では、企業秩序定立権の一内容として、就業規則に「服務規律」の規定として、ご質問にある社員の服装・身だしなみに関する規定（以下「身だしなみ規定」という。）を設けています。

　しかし、このような身だしなみ規定については、労働者の自己表現といった人格や自由との衝突が問題とされてきました。すなわち、ハイヤー運転手が口ひげを生やすことが「ハイヤー乗務員勤務要領」中の身だしなみ規定である「ヒゲをそり、頭髪は綺麗に櫛をかける」との定めに違反するかが問題となった事案において、裁判所は、企業が経営の必要上（ハイヤー業務のサービス性、他社との競争状況）、容姿、ひげ、服装、頭髪等について上記の規定のような合理的な規律を定めた場合、その規律は労働条件の一つとなり、従業員はこれに則した労務提供義務を負うが、同規定で禁止されたヒゲは「無精ひげ」とか「異様、奇異なひげ」のみを指し、格別の不快感や反発感を生ぜしめない口ひげはこれに該当しないと判断し（イースタン・エアポートモータース事件　昭55・12・15　東京地判　労働関係民事裁判例集31巻6号1202頁）、就業規則の規定内容を限定的に解釈しました。また、トラック運転手が茶髪を改めるようにとの命令に従わなかったためなされた諭旨解雇の効力が問題となった事案において、企業が労働者の髪の色・型、容姿、服装などについて制限する場合は、企業の円滑な運営上必要かつ合理的な限度に留まるよう特段の配慮を必要とされるとして、解雇を無効としました（株式会社東谷山家事件　平9・12・25　福岡地小倉支判　労判732号53頁）。

　さらに、中学校や高等学校の教師について、遅刻欠勤や指導能力の欠如のほか、色ワイシャツ、ノーネクタイなどを理由として解雇した事案について、雇用契約上の義務不履行としつつ、解雇理由とするには値しないと判断しました（国士舘高校事件　昭46・8・23　東京地判　判例時報（以下「判時」という。）643号）。このほか、麹町学園事件（昭46・7・19　東京地判　判時639号）などがあります。

　これらの裁判例からは、社員の服装や身だしなみに関する規定については、①企業の円滑な運営上規制する必要性があることと、②必要性に見合う合理的な内容の規制であることが求められているといえるでしょう。

確かに、男性による長髪・茶髪、ピアス着用、女性によるネイルアートといった近年の若年社員によく見られる容姿や、クールビズの普及により増加した色ワイシャツやノーネクタイなどの服装に関し、職場にふさわしくないのではないか、との印象を持たれることは十分理解できます。しかし、価値観が多様化している現代社会において、これらを奇異に感じると一律に断じることは困難であるともいえます。髪型などの容姿や服装というものは、元々個人の趣味・嗜好に属する事柄であり、基本的には各人の自由といえますから、これらについて企業秩序を理由に規制するのであれば、当社の業務内容、業務遂行場所・方法等に鑑み、いかなる身だしなみ規定が相当であるかを検討する必要があると思います。例えば、会社の業種が接客業であったり、営業職の社員の場合は、社員の髪型や服装などが、顧客に不快感を与え、会社に対する評価・信用を左右する場合があるでしょうし、工場内での業務に就く社員には、安全の観点から相応しい髪型・服装といったものが想定されるといえます。そうすると、就業規則では、一般的・包括的な規定をするに留め、当社の各業務に応じて身だしなみ規定の細則を設けることも一考だと思います。

（弁護士・本田敦子）

◆ 参考文献 ◆
浅井隆「労使協定・就業規則・労務管理Q&A」（労務行政）
石井妙子「『問題社員』対応の法律実務」（日本経団連出版）
菅野和夫「労働法」第9版（弘文堂）
高井伸夫法律事務所編「現代型問題社員対策の手引」第3版（民事法研究会）

規定例

- 社員は、就業に適した服装、髪型、容姿で就業すること。

- 社員は、安全・衛生の観点も含め就業に適した服装、髪型、容姿で就業することとし、会社の品位を下げ、顧客を含む他人に不快感を与えてはならない。

〈クールビズの細則として〉
(1) ○月○日から○月○日までの期間は、スーツ、ワイシャツ、ネクタイの着用を義務づけない。
(2) 上記期間中、スーツおよびワイシャツの着用に替えて、襟付きの華美でないシャツ（ポロシャツを含む）とスラックス、チノパンの着用を可とする。
(3) 上記期間中でも、アロハシャツ、Tシャツ、ジーパン、短パンの着用は不可とする。

Q14 携帯電話の利用に関する規定はどうしたらよいですか

当社では、携帯電話について以下のような問題が生じています。どのように対処したらよいですか。なお、当社では、従業員が業務を遂行するうえで、原則として当社から携帯電話を貸与することは行っていません。

1）従業員が個人で所有している携帯電話を職場内に持ち込み、就業時間中にもかかわらず、私的なメールをやり取りすることが横行しています。
2）情報セキュリティ保護の観点から、写真や動画の撮影ができる携帯電話を職場内に持ち込むことそのものに問題があります。
3）しばしば就業時間外や休日において緊急に対応しなければならない業務があります。その際、どうしても従業員を緊急に呼び出し、時間外就業や休日出勤を命じる必要がありますが、どのように対処すればよいかが問題となっています。

A 個人所有物は使用禁止とし、貸与電話で義務づけを

ポイント 携帯電話の就業時間中の使用および事業場への持ち込みを禁止する規定を設け、連絡が必要な場合は、会社が貸与する携帯電話のスイッチ・オン命令権を規定しておくべきです。

---

1 就業時間中の私的利用を禁止

携帯電話は、いつでもどこでも連絡が取れ、音声通話のみならず、電子メールによっても相互通信ができるものであり、現代では社会の隅々まで浸透して、当然のコミュニケーションツールとなりました。ところが、かかる利便性が故に、時と場所とを問わず連絡を取ることに抵抗がなくなりました。このような携帯電話使用への抵抗感の欠如は、特に従業員の職務

専念義務との関係において問題となります。

　労働者である従業員は、労働契約に基づき、所定労働時間中は使用者の指揮命令に従い誠実に労務提供する義務があります。労働者はこのような義務を負う以上、会社が就業時間中の個人の携帯電話の私的利用を禁止できることは当然です。

　ただし、携帯電話は、家族や恋人との連絡手段でもあることは否めませんので、常識の範囲内における必要最小限の連絡を短時間で済ませるような場合についてまで会社が懲戒処分等の対象とすることは、権限濫用により無効となり得るため、注意が必要です。

2　事業場への持ち込みを禁止

　従業員は、業務遂行に当たり、会社の事業活動に有用な技術や営業に関する情報であり、会社がその管理を厳密に行っているもの、すなわち営業秘密に触れる機会があることがあります。また、多くの従業員は、会社が秘密として扱う情報、つまり、企業秘密に触れながら業務を遂行しています。

　会社は、このような営業秘密等を守るために、情報管理規程を設け、これを遵守する旨の誓約書に署名押印をさせて、従業員に守秘義務を負わせています。しかし、このような措置だけでは営業秘密等を十分に守れないことがあります。特に、写真や動画の撮影機能が搭載されているのが当り前となった携帯電話が職場に持ち込まれると、情報漏洩を防止するのは至難の業です。そこで、営業秘密等という会社の財産を守り、従業員に負わせている守秘義務を実益あるものにするために、会社の許可なく、事業場内への携帯電話の持ち込みを禁止しておくべきです。

　なお、遂行する業務によっては、このような営業秘密等に触れないか、企業秘密のうち重要度が低いものに触れる機会しかない従業員もいますが、同一事業所内における移動が可能である以上、企業秘密の保護のために事業場内の移動が制限されているなどの特段の事情がない限り、原則として携帯電話の持ち込みを禁止するべきです。ただし、携帯電話が私生活上の不可欠なツールであることにも配慮が必要であり、会社施設そのものへの持ち込みを一切禁止するのではなく、ロッカー等に保管させ、緊急時

には会社の電話を使用することを許すなどの措置を講じておくべきであると考えます。

3　時間外・休日での命令権

携帯電話が普及したことによって、個人の携帯電話に連絡して従業員を緊急に呼び出すため、従業員に携帯電話の電源を入れておくように命じること（以下「スイッチ・オン命令」といいます。）も珍しくなくなりました。

しかし、このような命令権が労働契約から当然に導かれるものであるかは議論があるところです。なぜならば、従業員にとっては、労働契約に基づく就業時間外にもかかわらず、いつ会社から呼び出されるのか分からず、大きな心理的負担をもたらすものであるからです。

そこで、スイッチ・オン命令権を確保するために、就業規則に根拠となる規定を設け、包括的合意に基づく労働契約内容としておく（労働契約法第6条）ことが必要であると考えます。ただし、以下の点には注意が必要です。

①スイッチ・オン命令権の行使ができるのは「就業時間外および休日」とし、年次有給休暇を含めるべきではありません。労基法第39条の年次有給休暇は、使用者の指揮命令から完全に解放されているものでなければならないからです。②スイッチ・オン命令を出すときには、個人の携帯電話ではなく、会社から「貸与」した携帯電話とするべきです。携帯電話によっては個人的な連絡と会社からの連絡とを区別する機能を備えたものもありますが、一つの端末に連絡がある以上、その区別は明確とはいえず、また、スイッチ・オン命令が出ていないときに会社からの連絡を確実に遮断できなくなるなど、従業員の心理的負担を重くするからです。

4　貸与携帯電話の私的利用を禁止

会社が従業員に物品を貸与するのは、業務遂行のために必要であるからで、業務遂行に必要な範囲以外の私的な目的で貸与物を使用することは認められないと考えます。

そこで、業務上の必要に応じて貸与した携帯電話の私的利用を禁止する規定を設けるべきです。　　　　　　　　　　（弁護士・塚越賢一郎）

規定例

> 第○条（携帯電話の取扱い）　従業員は、就業時間中に、会社の許可なく、個人の携帯電話を私的に利用してはならない。
> 2　従業員は、会社の許可なく、事業場内の指定場所に個人の携帯電話を持ち込んではならない。
> 3　会社は、従業員に対し、業務上の必要性がある場合における緊急連絡手段の確保のため、就業時間外および休日に携帯電話を貸与し、その電源を入れておくよう命じることがある。
> 4　前項の規定により、携帯電話の貸与を受けた従業員は、その携帯電話を私的に利用してはならない。

Q15 新型インフルエンザ対策のためにどのような規定を定めればよいでしょうか

近年では、毎年のように新型インフルエンザが発生し、当社においてもこれによって職場内に混乱が発生しています。従業員本人が新型インフルエンザに罹患したり、罹患している疑いがある症状を示していたり、新型インフルエンザに罹患した家族や同居人と接触したりするケースが散見され、当社は、その都度対応に追われている状況です。

こうしたケースに混乱なく対応するためには事前にどのような対処をしておくべきでしょうか。

A　本人が罹患した場合は就業禁止、家族の場合は報告義務を

ポイント　就業規則において「就業禁止等」の規定を定めるとともに、濃厚接触者には報告義務を課し、労務提供を受領拒否できる規定を定めるべきです。

1　新型インフルエンザ対策の必要性

新型インフルエンザの特徴は、人類が免疫を持たない未知のウィルスによって容易に感染し、症状も致死率も未確定のまま急激に拡大していくこと（新型インフルエンザ対策ガイドライン参照）です。それ故に、会社は、感染者および感染の疑いがある者の就業を禁止し、他の従業員の安全を守らなければなりません。

そして、そもそも、労働契約上、労働者の負う義務である労務提供は、どのような労務提供でも構わないのではなく、心身ともに健康な状態において履行されること、ほかの従業員の就業に支障がないよう履行されることが当然の前提です。したがって、健康な状態ではなく、また、健康な状態であることに疑いがあり、その疑念を払拭できない場合には、就業によ

る悪影響を考慮して、労務提供の受領を拒否できると考えます。

2　就業禁止を見直す

労働安全衛生法第68条では、「事業者は、伝染性の疾病その他の疾病で、厚生労働省令で定めるものにかかった労働者については、厚生労働省令で定めるところによりその就業を禁止しなければならない」と定めています。これを受けて、労働安全衛生規則第61条が就業禁止の対象となる疾病を定めています。また、感染症の予防及び感染症の患者に対する医療に関する法律（以下「感染症法」といいます。）等の法令においても就業制限の定めがあります。

新型インフルエンザは労働安全衛生規則に明示されているものではありませんが、感染者以外の従業員の安全を守るために、就業規則上に明記し、就業禁止となることを明確にしておくべきです。

また、新型インフルエンザについては、一定の潜伏期間があること、「新型」か否かの確定がないままに治療がなされることが多いことを考慮すると、感染の「疑い」がある場合にも、就業禁止とする必要があると考えます。

3　濃厚接触者への対応

新型インフルエンザが感染性の強い疾病であることを考慮すると、家族の一人や同居人等が感染者となり、日常接触する機会が多い者（以下「濃厚接触者」といいます。）については、感染の可能性が高くなります。そして、一定の潜伏期間があることも踏まえれば、感染に気づかないまま出社し、社内の感染拡大となるおそれが十分にあり得ます。かかる観点から、たとえ未発症の段階であってもほかの従業員に対する感染源となる可能性が高い者の就業を拒否する必要もあります。

このような観点から、就業規則においては、疾病にかかっていなくとも心身の状況が業務に適さないと会社が判断した者について就業を禁止する定めをおき、濃厚接触者となった従業員の就業を禁止できるようにしておくべきです。

4　報告義務を規定する

　新型インフルエンザにかかった場合もしくはその疑いがある場合に、従業員の就業を禁止するには、従業員の状況を的確に把握しておかなければなりません。そこで、従業員に自らの疾病について報告義務を負わせる規定を設けるべきです。

　他方、濃厚接触者について就労を禁止するという対応を取るためには、やはり前提として、就労を禁止される従業員が濃厚接触者となったことを会社が把握できなければなりません。そこで、従業員に対し、感染者との接触状況等を報告する義務を就業規則上に定めておくべきです。

5　就業禁止の間を無給と定める

　就業禁止等となった場合に、従業員と間で特にトラブルとなるのが、就業禁止の間の賃金等の処遇です。

　労働契約においてはノーワークノーペイが原則であり、この原則からすれば、労働者の責に帰すべき事由に基づき労務提供ができなくなった場合には、使用者に賃金支払義務は生じません。そして、前述のとおり、労働者の負う義務である労務提供は、心身ともに健康な状態において履行されなくてはならず、労働者側の原因で健康状態に問題があるという場合には、不完全履行ないし履行不能であるといわざるを得ません。

　したがって、従業員が自ら伝染性の疾病にかかった場合や、感染した家族や同居人等の濃厚接触者となった場合については、ノーワークノーペイの原則が適用され、無給となります。

　そして、トラブルを防止する観点からすれば、就業禁止等の間における処遇として、無給であることを明記しておくべきであると考えます。

（弁護士・塚越賢一郎）

規定例

第○条(病者等に対する就業禁止等)　会社は、次の各号のいずれかに該当する従業員については、就業を禁止する。
　①病毒伝播の恐れのある伝染性の疾病にかかった者(新型インフルエンザおよびその疑いを含む。以下、本条において同様。)
　②心臓、肝臓、肺等の疾病で労働のため病勢が著しく増悪する恐れのある疾病にかかった者
　③前各号に準ずる疾病で厚生労働大臣が定める疾病にかかった者
　④前各号の他、感染症法等の法令に定める疾病にかかった者
2　前項の規定にかかわらず、会社は、当該従業員の心身の状況が業務に適しないと判断した場合、その就業を禁止することがある。
3　第1項および第2項の就業禁止の間は無給とする。

第○条(報告義務)　従業員は、伝染性の疾病(新型インフルエンザおよびその疑いを含む。以下、本条において同様。)に感染した場合、若しくはその疑いがある場合、直ちに所属長に報告しなければならない。
2　従業員の同居の家族または同居人が伝染性の疾病に感染した場合、若しくはその疑いがある場合、または住居付近において伝染性の疾病が発生した場合、直ちに所属長に報告しなければならない。

> **ひとくちメモ**
> ●新型インフルエンザ
> 　感染症予防法では「新たに人から人に伝染する能力を有することとなったウイルスを病原体とするインフルエンザであって、一般に国民が当該感染症に対する免疫を獲得していないことから、当該感染症の全国的かつ急速なまん延により国民の生命及び健康に重大な影響を与えるおそれがあると認められるもの」と定義して、届出義務や就業制限などの規定が定められています。

Q16 「多様な働き方」という社会的な要請に対応できる在宅勤務規定を設けたいのですが

近年では「多様な働き方」を希望する声が増大しています。これにどこまで対応するかは企業の今後の課題であると思いますが、当社は、在宅勤務を導入したいと考えています。どのような就業規則を用意しておけばよいですか。

A 在宅勤務は本人の申請に基づいて会社が承認する範囲で行う

ポイント 在宅勤務の条件、服務規律、費用負担、労働時間、社内教育について主に規定をするべきです。

1 在宅勤務のメリット・デメリット

在宅勤務は、労働者には私生活と仕事との両立を実現しやすい点、使用者には、有能な労働者を確保し、節電に代表されるオフィスコストを削減できる点でメリットがあります。他方、勤務時間帯と日常生活時間帯とが混在することになり、労働時間や健康等の労務管理が困難になるというデメリットもあります。

そこで、在宅勤務の条件や労務管理のための在宅勤務の方法等のルールを定めておくことが適切であると考えます。

2 在宅勤務の条件と解除

労働者は、会社の指定する事業場において就労するのが原則です。在宅勤務は、節電対策に有効な手段ですが、あくまで例外であると位置づけることが重要です。

したがって、在宅勤務とする場合は、適用対象者、適用対象業務を定めたうえ、在宅勤務の希望を申請させ、会社がそれを承認するのが適切であると考えます。また、在宅勤務者が在宅勤務に適さない場合には、解除で

きるようにしておくべきです。なお、在宅勤務命令を就業規則に定めることも不可能ではありませんが、私生活を営む自宅を勤務場所とする以上、入社時に誓約し、または改訂時に個別に同意を得るなど労働者の同意に基づいた規定である必要があると考えます。

3　労働時間の定め方

　在宅勤務者の労働時間には、一定の場合、算定し難いものとして事業場外みなし制（労基法第38条の2）を適用できます（平20・7・28　基発第0708002号）。しかし、在宅勤務者が会社の指定する勤務時間帯以外に業務を遂行し、また長時間労働を行うこともありえます。そこで、所定労働時間労働したものとみなし、残業を原則禁止し、許可なく時間外労働を行った場合には通常賃金および割増賃金を支払わない旨を明確にしておくべきです。

4　その他の注意点

　在宅勤務は、例外的に自宅で業務を遂行するものである点で、情報管理については特別に規律を設けておくべきです。そして、このような規律を遵守できない従業員には在宅勤務を認めず、また、在宅勤務を解除できる規定としておくべきです。

　また、行政通達（平20・7・28　基発第0708001号）は、通信費や情報通信機器等の費用負担について就業規則に定めることが望ましいとしています。特に、労働者に作業用品等の費用負担をさせるには、就業規則の定めが必要です（労基法第89条第5号）。

　他方、在宅勤務者への教育訓練は、就業規則に定めなければならない事項とされています（労基法第89条第7号）。

（弁護士・塚越賢一郎）

Q16 「多様な働き方」という社会的な要請に対応できる在宅勤務規定を設けたいのですが

規定例（抜粋）

第1条（目的）、第2条（定義）、第3条（就業規則の適用）　省略

第4条（在宅勤務の対象者）　在宅勤務の対象者は、会社が事前に示す基準に該当する者で在宅勤務を希望する者の中から、会社が承認した者とする。

第5条（在宅勤務の対象業務）　在宅勤務の対象業務は、次のとおりとする。
　①・・・・
　②・・・・
　③前各号の他会社が必要と認める業務

第6条（申請等）　在宅勤務を希望する者は、所定の申請書に必要事項を記載し、同申請書を所属長に提出しなければならない。
2　会社は、在宅勤務を希望する従業員の適性、業務内容、自宅の作業環境等を勘案し、在宅勤務を認めることが適切と判断した場合には、在宅勤務を承認するものとする。
3　在宅勤務の実施にあたっては、利用の都度、従業員が申請を行い、事前に会社の承認を得ることとし、事後承諾による実施は認めない。

第7条（在宅勤務の解除）　会社は、業務上の都合により、在宅勤務の適用を解除することができる。

第8条（在宅勤務の労働時間）　在宅勤務時の所定労働時間、始業時刻、終業時刻は、原則、就業規則第○条に定めるとおりとする。
2　在宅勤務者が、労働時間の全部または一部について在宅勤務に従事した場合には、所定労働時間労働したものとみなす。
3　在宅勤務中の時間外労働は原則禁止する。ただし、業務上必要が生じた場合には、従業員は事前に所属長に申し出て、許可を得なければならない。従業員が、会社の許可なく会社業務を実施した場合には、会社は業務遂行を認めず、その費消時間について通常賃金および割増賃金は支払わない。

第9条（出社日の指定）　省略

第10条（在宅勤務服務規律）　在宅勤務者は、就業規則第○条の定める服務規律のほか、次に定める事項を遵守しなければならない。
　①業務に関連する重要な書類、CD-R等一切の資料等、会社の保有する情報（以下

「会社保有情報」という。）を持ち出す場合には、会社の定める手続きに従い、会社の許可を得なければならない。
②会社保有情報は、会社の定めた方法に従い、取り扱わなければならない。
③会社保有情報および在宅勤務において作成した成果物を第三者（家族を含む）が閲覧、コピー等しないように注意しなければならない。
④会社保有情報および前号の成果物は、紛失、棄損しないように丁寧に取り扱い、情報管理規程に準じた確実な方法で保管・管理しなければならない。
⑤在宅勤務時間中は業務に専念しなければならない。
⑥在宅勤務時間中は勤務場所以外の場所で業務を行ってはならない。
⑦在宅勤務時間中、勤務場所に、業務に関連のない備品や機器を新たに持ち込まないよう配慮しなければならない。

第11条（費用負担）　在宅勤務者は、在宅勤務実施に伴い通信回線等の初期工事や回線使用料等を支出した場合は、会社に請求することができる。会社は、業務に用いる通信回線使用料、ファクシミリ等の料金、光熱費、事務用品等の消耗品に係る費用として、1ヵ月当たり◯円を負担する。
2　会社は、在宅勤務者に対し、業務に必要がある場合には、パソコン、プリンタ等の情報通信機器、ソフトウェア、携帯電話等を貸与することがある。

第12条（教育訓練）　在宅勤務者は、会社から教育訓練を受講するように指示された場合には、特段の事由がない限り、指示された教育訓練を受けなければならない。

Q17 私有自転車通勤規定を定めたいのですが

当社では、健康志向の高まりとともに、自転車通勤を希望する従業員が増えました。東日本大震災以降、その傾向が顕著となっていますが、他方、自転車通勤を認めることにより、自転車による交通事故等や通勤手当の問題が生じ、ルールを作りの必要があると感じています。どのような就業規則とすべきでしょうか。

A 許可制として原則通勤手当を支払わないこととする

ポイント 自転車通勤は許可制とすると定め、労働者が会社の許可を取ることを促すよう運用するべきです。

1 許可制とすることができるか

そもそも自転車通勤を許可制とできるかが問題となります。この点、労務提供義務は持参債務であることから、自宅から職場までの移動手段の選択は労働者の自由に任されます。したがって、原則として許可制とすること難しいと考えます。

しかし、駐輪場が会社の敷地内に設けられ、労働者がそれを利用する場合、会社には駐輪場への駐輪を認めるか否かの施設管理権があり、自転車通勤を許可制とすることができると考えます。そして、許可制とする以上、承認する期間を設け、更新手続を定めるとともに、承認の取消をも規定しておくのが適切です。

2 許可制を促進するための規定

自転車通勤は許可制としつつ、通勤手当の支給基準として、会社が自転車通勤を許可した者に対してのみ支給すると定め、事実上会社の許可を取るように促すことも可能です。なぜならば、前述のとおり、労務提供は持参債務であり、職場までの移動に要する経費は、本来債務者である労働者

が負担しなければならないからです。なお、自転車通勤には燃料や公共交通機関の利用料金がかかりませんので、通勤手当は原則無給とし、体調不良や天気によって自転車通勤に適さない場合に、公共交通機関を利用した実費を支給すると定めるべきです。そして、ほかの従業員との公平の観点から、給与規定等に定められた通勤手当の額を上限としておくべきです。

　また、近年自転車通勤者の交通事故が増加していますが、特に歩行者との事故では自転車通勤者が加害者となり、損害額が高額となり得るため、紛争に巻き込まれてその労務提供に支障が生じることもあります。このような事態に対処するため、民間保険加入を許可の条件とし、許可を得た者には会社が保険料を補助する旨の規定等を設けることにより、会社の許可を取るように促すことも考えられます。

（弁護士・塚越賢一郎）

規定例（一部抜粋）

> 第○条（自転車通勤の許可）　自転車通勤を行う者は、自転車通勤許可申請書を所属長に提出し、その承認を得なければならない。
> 2　承認期間は1年とし、更新には前項の定める手続きを行わなければならない。
> 3　申請内容に変更のある場合は、速やかに所属長に届け出なければならない。
> 4　会社が必要と認めた場合は承認の取消しをすることがある。
>
> 第○条（通勤手当）　自転車通勤者に対する通勤手当は無給とする。ただし、会社が自転車通勤を承認した者が公共交通機関等を利用した場合には、給与規定に定める額を限度に実費を支給する。

Q18 改正障害者基本法への対応で就業規則の改定は必要ですか

平成23年に、障害者基本法が改正されたと聞きました。改正に合わせて、就業規則を変更する必要がありますか。

A 就業規則の改定は特に必要ないが、検討しては

ポイント 今回の障害者基本法に合わせた就業規則の改定は特に必要ありませんが、障害者用の就業規則がない事業場は障害者用の就業規則の作成を検討し、また、障害者用の就業規則がある事業場は、より対等な処遇とするよう就業規則の変更を検討してもよいでしょう。

1　障害者基本法の改正について

　まず、今回の改正障害者基本法では、障害者と障害者でない者は、社会において等しく尊重されるべきであるという考えが強く示されています。
　すなわち、第1条（目的）には、「全ての国民が、障害の有無にかかわらず、等しく基本的人権を享有するかけがえのない個人として尊重されるものであるとの理念」が明確に示され、また、第3条（地域社会における共生等）には、「全て障害者は、社会を構成する一員として社会、経済、文化その他あらゆる分野の活動に参加する機会が確保されること」と規定され、第4条（差別の禁止）には、「何人も、障害者に対して、障害を理由として差別することその他の権利利益を侵害する行為をしてはならない」、「社会的障壁の除去は、それを必要としている障害者が現に存し、かつ、その実施に伴う負担が過重でないときは、それを怠ることによって前項の規定に違反することとならないよう、その実施について必要かつ合理的な配慮がなされなければならない」と規定されています。
　そして、これを受けて障害者雇用の面では、国および地方公共団体は、自身のみならず、事業者においても障害者の雇用が促進されるような施策

を取ることを求められ、また、職種や職域の限定なく障害者の雇用機会が確保されることが求められています（同法第19条）。

2　就業規則における対応

今回の改正障害者基本法は、特に、就業規則の改定を必要とするものではありません。最近では、公共事業において、障害者雇用促進法の法定雇用率もしくはそれ以上の基準を満たしている企業を指名競争入札における優先指名対象とするというような障害者雇用企業に対する優遇措置を採っている自治体が多くありますが、障害者に関する就業規則の整備を入札条件とするものは、まだないようです。

とはいえ、雇用管理上、障害者には、障害者でない者にはない配慮すべき事項も多く（「障害者雇用対策基本方針」厚生労働省参照）、他方で、上記改正障害者基本法の理念にも合致するように障害者でない者との均等待遇にも配慮しなければならないため、これを機会に就業規則を見直してみてもよいと考えます。

（弁護士・藤原宇基）

●障害者基本法
（雇用の促進等）
第19条　国及び地方公共団体は、国及び地方公共団体並びに事業者における障害者の雇用を促進するため、障害者の優先雇用その他の施策を講じなければならない。
2　事業主は、障害者の雇用に関し、その有する能力を正当に評価し、適切な雇用の機会を確保するとともに、個々の障害者の特性に応じた適正な雇用管理を行うことによりその雇用の安定を図るよう努めなければならない。
3　省略

Q19 賃金引下げを可能とする規定例と具体的な手続きは

就業規則の規定によって従業員の賃金を引き下げることはできますか。できるとすれば、どのような規定が必要なのでしょうか。また、引下げのために必要な手続きはありますか。

A　賃金を引き下げる旨を明確に規定し、十分説明を

ポイント　賃金引下げの規定は、賃金を引き下げる場合があること、その要件、手続事項について明確に定められている必要があります。就業規則に定められた要件、手続きを充足しない賃金引下げは、就業規則違反として無効となります。

　賃金引下げには、就業規則の賃金規定を改定して、一斉に賃金を引き下げる方法があります。これは就業規則の不利益変更の問題です。

　他方で、すでにある就業規則上の規定を根拠に賃金を引き下げる場合があります。

　この点、賃金は、もっとも重要な労働条件であり、その引下げは契約内容の変更を意味するため、使用者が一方的に行うことは許されず、労働者の個別の同意または就業規則上の明確な根拠規定が必要となります。例えば、「昇給水準に達しない者は昇給しない」という規定では賃金引下げの根拠規定にはならないため、「賃金を引き下げることができる」と明確に規定する必要があります（チェース・マンハッタン銀行事件　平6・9・14東京地判）。

　また、就業規則には賃金減額事由を明確に定めていることが必要とされます。

　例えば、就業規則上に年齢を理由とする賃金減額規定があったとしても、経営上の理由による賃金減額の規定がなければ、経営上の理由による

賃金減額は許されません（東豊観光事件　平15・9・3大阪地判）。
　そして、就業規則に定められた減額事由と実際の減額幅は合理的なものでなければなりません。
　合理性の判断に際しては、減額によって労働者が被る不利益の程度、労働者の労力や勤務状況等の労働者側の帰責性の程度、それに対する使用者側の適切な評価の有無、使用者の経営状況等業務上の必要性の有無、代償措置の有無等が考慮されます（日本ドナルドソン青梅工場事件　平15・10・30　東京地裁八王子支部判）。
　さらに、使用者は、上記の情報を労働者に十分に説明し、意見を聴取するなど交渉を尽くす必要があります。適正手続の遵守のためには、就業規則に説明等の手続規定を定めておくとよいですが、その場合、手続規定を遵守しなければ減額が無効と判断されることに注意する必要があります。

Ⓠ（弁護士・藤原宇基）

Q20 就業規則の不利益変更に労働者の同意はいるのですか

当社の就業規則は30年ほど前に作成したもので、この間に雇用形態は多様化してきました。そこで抜本的な改正にとりかかっているのですが、新しい就業規則では一部従業員は従来より低い労働条件が適用されることになりそうです。こうした就業規則でも、会社側で一方的に決め得るのでしょうか。

A 原則として同意が必要だが合理性があれば有効

ポイント 就業規則の制定・改定の権限は、会社側が持っているのが原則です。しかし、労働条件が下がる改定（不利益変更）の場合は、合理性が求められます。改定された就業規則が合理的なものなら、同意していない従業員にも適用されます。最高裁の判断によって確立したもので、この考え方が平成20年施行の労働契約法に採用されています。

　労働者と合意することなく、就業規則の不利益変更はできません（労働契約法第9条）。ただし、「就業規則の変更が、労働者の受ける不利益の程度、労働条件の変更の必要性、変更後の就業規則の内容の相当性、労働組合等との交渉の状況その他の就業規則の変更に係る事情に照らして合理的なものであるときは、労働契約の内容である労働条件は、当該変更後の就業規則に定めるところによるものとする」（第10条）と規定されています。

　この合理性の基準について、裁判例を見てみましょう。判断を確立させた、昭和43年12月25日の秋北バス事件の最高裁判決によると、「新たな就業規則の作成又は変更によって、既得の権利を奪い、労働者に不利益な労働条件を一方的に課することは、原則として許されないと解すべきであるが、労働条件の集合的処理、特にその統一的かつ画一的な決定を建前とする就業規則の性質からいって、当該規則条項が合理的なものであるかぎ

り、個々の労働者において、これに同意しないことを理由として、その適用を拒否することは許されない」とし、新たに労働者に不利益な労働条件を一方的に課すような就業規則の作成または変更も合理的なものである限り認めています。

しかしながら、賃金、退職金など重要な労働条件に係る就業規則の変更について、何らの代償措置も講じない退職金の引下げを合理性なしとしたほか（御國ハイヤー退職金事件　昭58・7・15　最高裁第二小法廷判決）、次のように述べているものもあります。

「特に賃金、退職金など労働者にとって重要な権利、労働条件に関し実質的な不利益を及ぼす就業規則の作成又は変更については、当該条項が、そのような不利益を労働者に法的に受忍させることを許容できるだけの高度の必要性に基づいた合理的な内容のものである場合において、その効力を生ずるものというべきである」（大曲市農協事件　昭63・2・16　最高裁第三小法廷判決）。

したがって、既得の権利を奪い、または不利益な労働条件を課すこととなる一方的な変更は原則としては許されず、このような変更を行おうとするときには、労働者の同意を得るよう努めなければならないということになるでしょう。

（編集部）

ひとくちメモ

●労働契約法第9条、第10条
労働契約法では、第9条で「労働者の不利益に…労働条件を変更することはできない」とされています。しかし「ただし、次条の場合はこの限りでない」として、第10条で、周知と労働条件の変更の必要性など合理的なものであるときは「変更後の就業規則の定めるところ」とすることを認めています。

Q21 労働者の意見聴取はどの程度まで必要ですか

労働基準法では就業規則の作成や変更に際しては労働者の意見を聴くこととされていますが、「意見を聴く」とはどの程度をいうのでしょう。例えば、承諾まで求められるのでしょうか。また、意見書の書き方や様式はどうなっていますか。

A 内容を十分説明のうえ賛否の表明を求める

ポイント 法律で規定する「意見を聴く」とは、作成、変更の内容を十分説明し、結果的には賛成か反対かの意見の表明を求めることです。労働者の承諾を得たり、労働者の意見を反映することまでを義務づけるものではありません。

　届出については特別の様式はありません。意見書として賛成か反対か、また、部分的に賛成か反対ならその旨を記し、過半数労働組合（または過半数労働者の代表者）を記載して事業場の使用者に提出した書類を添付すればよいことになります。

　これは、変更届の場合もまったく同様です。この労働者の意見書の添付については、過半数労働組合か過半数労働者を代表する者を記載した意見書がなければ労働基準監督署でその就業規則の届出やその変更の届出が受理されないので、注意する必要があります。

（編集部）

Q22 少数組合からも意見聴取しなくても合法ですか

当社には全従業員の9割強で組織するA組合と、少数派のB組合があります。就業規則の変更時は、「労働者の過半数で組織する労働組合」の意見を聴かなければならないと規定されていますが、B組合から意見を聴取しなくても差し支えないでしょうか。

A 労基法上は違法ではないが実務上は意見を聴くべき

ポイント 「労働者の過半数で組織する労働組合」とは、文字どおり事業場のすべての労働者のうち、その過半数を占める労働者が加入している労働組合をいいます。貴社の場合、労基法上はA組合の意見を聴くだけで足ります。しかし、実務上はB組合も同等に扱うべきでしょう。

労基法の解釈例規は、「当該一部の労働者に適用される就業規則も当該事業場の就業規則の一部分であるから、その作成又は変更に際しての法第90条の意見の聴取については、当該事業場の全労働者の過半数で組織する労働組合又は全労働者の過半数を代表する者の意見を聴くことが必要である」（昭23・8・3　基収第2446号、昭24・4・4　基収第410号、昭63・3・14　基発第150号）としています。これに加えて、「使用者が当該一部の労働者で組織する労働組合等の意見を聴くことが望ましい」と少数組合にも言及しています。

（編集部）

Q23 過半数代表者の選定はどのようにすればよいですか

当社には過半数労働組合がありません。この場合、労基法上は、就業規則を作成、変更するためには、労働者の過半数を代表する者の意見を聴く必要があるとされているようですが、「労働者の過半数を代表する者」というのは、どうやって選べばよいのでしょうか。

A 投票、挙手、回覧などで過半数の支持を得ていることが明確な方法

ポイント 管理監督者ではない者であり、かつ、従業員の過半数の支持があることが明確になる挙手・投票などの民主的手続きによって選出された者を過半数代表者とします。

　過半数代表者を選定する場合、一つの事業場（原則として事業が行われている場所の単位で決まります。支社、支店、工場、店舗など。独立性を有さない出張所、支所は含まれません。）ごとに、1人の過半数代表者を選定する必要があります。

　なお、常時使用される労働者の数が10人未満の事業場については、労基法上の就業規則作成、届出義務はないため、過半数代表者からの意見聴取の手続きは不要です。

　また、過半数代表者は、事業場の全労働者の過半数を代表する者を選出します。例えば、正社員とパート社員のように適用される就業規則が異なっていたとしても、正社員とパート社員を合わせた全社員の過半数代表者から、正社員用就業規則およびパート社員用就業規則に関する意見をそれぞれ聴取します。

　この場合、正社員の数が圧倒的に多い場合は、パート社員に適用されるパート社員就業規則についても、正社員の意見が採用される可能性があり

ます。そこで、法律上の義務ではありませんが、パート社員で組織される組合等があれば、その意見を聴くことが望ましいとされています。

そして、過半数代表者は、①管理監督者（労基法第41条第2号）ではない者であり、かつ、②投票、挙手等の方法により選出された者（投票、挙手等の際には、従業員代表として就業規則の作成・変更につき意見を述べる者を選出する手続きであることを明示しなければなりません。）とされています（労基則第6条の2第1項）。

投票、挙手等は、過半数の支持があることが明確になる民主的手続きであることが必要とされ、例えば、①投票を行い、過半数の労働者の支持を得た者を選出する方法、②挙手を行い、過半数の労働者の指示を得た者を選出する方法、③候補者を決めておいて、投票や挙手や回覧によって信任を求め、過半数の支持を得た者を選出する方法（この場合、会社が候補者を指名しても構いません。）、④各職場ごとに職場の代表者を選出し、これらの者の過半数の支持を得た者を選出する方法、などが考えられます。

他方、①使用者が一方的に指名する方法、②親睦会の代表者を自動的に労働者代表とする方法、③一定の役職者を自動的に労働者代表とする方法、④一定の範囲の役職者が互選により代表者を選出する方法などは、投票・挙手等の方法として有効とは認められません。

（弁護士・藤原宇基）

3　賃金の基礎から実践まで

Q24　管理職の賃金を減額する方法を教えてください

当社は、業績悪化により管理職の賃金を減額することを考えています。管理職の賃金を減額するにはどのような方法がありますか。

A　賃金規程を変更して管理職手当または基本給減額を

ポイント　管理職の賞与を減額する方法、管理職のポストを減らす方法、賃金規程自体を変更して管理職手当を減額し、または、基本給を減額する方法が考えられます。

1　管理職の賃金を減額する方法

会社の業績が悪化したために管理職の賃金を減額する場合、①管理職の賞与を減額する方法（管理職の仕事は変わりませんが、会社の業績に応じて賃金が減額されます。）、②管理職のポストを減らして管理職手当を減額する方法（管理職の仕事自体が変わり、それに応じて賃金が減額されます。）、③賃金規程自体を変更して管理職手当を減額したり、管理職の基本給を減額する方法（管理職の仕事は変わりませんが、賃金規程の変更により賃金が減額されます。）が考えられます。

以下、それぞれについて賃金の減額が有効と認められるための要件を説明します。

2　管理職の賞与を減額する方法

賞与に関する事項は就業規則の相対的必要記載事項とされています。そのため、就業規則に賞与に関する規定を置く場合、その支給条件や支給時期を記載することになります。

その際、賞与の支給条件や支給時期については使用者が定めることができ、賞与を業績連動型とすることも可能です。具体的には、賞与額の決定の際に当期の業績に応じた係数を乗じることとしたり、業績の低下が著しい場合には賞与を支給しないこととします。就業規則等にこのような規定がある場合、それを根拠として管理職の賞与を減額することができます。

ただし、就業規則等に、単に「賞与は会社の業績等を考慮して決定する。」とのみ記載し、使用者が恣意的に賞与額を減額するような場合、賞与の決定方法が透明性、公正性を欠くとして、権利濫用となる可能性があります。

3　管理職のポストを減らして管理職手当を減額する方法

組織における管理職の配置には使用者に広い裁量が認められています。そのため、組織改編をして部署を減らし、管理職のポストを減らすことも使用者は自由に行うことができます。

そして、管理職のポストを減らした結果、それまで管理職であった者の職位を外し、管理職手当を減額することも、原則として、使用者の裁量の範囲内にあると考えられます。

ただし、減額幅が大きい場合には権利濫用となる可能性があります。また、管理職のポストを減らすことにより管理職から降格する場合は、労働者側の原因による降格ではないため、管理職のポストを減らす必要性や減額幅の相当性について十分に考慮したうえで、代償措置、緩和措置を検討することが求められます。

4　賃金規程自体を変更して管理職手当を減額したり、管理職の基本給を減額する方法

(1)　個別の合意による場合

賃金は最も重要な労働条件であるため、使用者が一方的に賃金規程を変更して労働者の賃金を減額することはできないのが原則です。

すなわち、賃金を減額するには原則として労働者の同意が必要となります（労働契約法第8条、第9条参照）。

使用者と労働者との合意により賃金を減額する場合、労働者の同意が自由意思に基づくものでなければなりません。

労働者の同意が自由意思に基づくものであるかどうかは、賃金減額の必要性、賃金の減額幅、代償措置の有無、労使の交渉の経緯等の客観的事実により判断されます。

労働者の同意が自由意思に基づくものであることを示すためには、次頁のような同意書に署名、押印してもらうとよいでしょう。

(2) 就業規則（賃金規程）の変更による場合

就業規則の変更により労働条件を不利益に変更するには、就業規則の変更が、労働者の受ける不利益の程度、労働条件の変更の必要性、変更後の就業規則の内容の相当性、労働組合等との交渉の状況その他の就業規則の変更に係る事情に照らして合理的なものであり、かつ、変更後の就業規則の内容を労働者に周知させることが必要となります（労働契約法第10条）。

賃金規程を変更して賃金を減額するには、他の労働条件の不利益変更と比べても、特に高度の必要性が求められます。この点につき、みちのく銀行事件最高裁判決（平12・9・7　最一小判）は「当該企業の存続自体が危ぶまれたり、経営危機による雇用調整が予想されるなどといった状況にあるときは」就業規則の変更による賃金の減額にも合理性があると評価することができる場合があると判示しています。

また、賃金の減額幅については、絶対的な減額幅として10％以内に留めること（労基法第91条によれば懲戒事由がある場合でも10％が限度とされている）、相対的な減額幅として、ほかの一般社員の賃金と比べて管理職が不当な負担を負わないようにすることに留意する必要があります。

(弁護士・藤原宇基)

【同意書例】

通知書

平成〇年〇月〇日

〇〇〇〇殿

〇〇会社代表取締役〇〇

　〇〇により当社の当期の業績は〇に至り、業績の悪化の程度は著しく（できるだけ具体的に）、やむを得ず従業員の賃金を減額せざるを得ない状況にある。
　そこで、当社は、添付別紙のとおり、賃金規程を改定する。

・・・・・・・・・・・・・・・・・・・・・・・・・・・・・・

同意書

　私は、此の度の賃金規程改定について、会社から説明を受け、その必要性を理解しましたので、添付別紙のとおりの賃金規程改定に同意します。

平成〇年〇月〇日
　所属　〇〇〇　　役職　〇〇〇　　氏名　〇〇〇〇

Q25 年俸制の支払方法はどのようにしたらよいですか

年俸制の導入を考えています。支払方法は毎月払いでなければなりませんか。また、能力等が見込み違いの場合に年俸を下げることは可能でしょうか。

A 労基法の適用を受けるので毎月支払わなければならない

ポイント 年俸制の場合でも毎月払いの原則が適用されるので、月当たりに分割して支払わなければなりません。減額については、就業規則に規定がなければ、合意の範囲内でなければできません。

1 年俸制とは

賃金額決定の時間的単位について、年単位で決定するのがいわゆる年俸制です。従来型の年功を重視した賃金制度と異なり、成果主義的考え方、つまり、労働者の実績や目標達成度を給与に反映させようという考えによるものです。「賃金の全部又は相当部分を労働者の業績等に関する目標の達成度を評価して年単位に設定する制度」ともいうことができます。

わが国の年俸制は、従来型の年功を重視した賃金制度の影響もあってバラエティに富んでおり、賃金の一部のみを年俸制により決定したり、期待度や年齢・役割なども考慮して額を決定したり、また、年俸の変動に上限や下限を設けたりなどする場合もあります。

2 年俸制での給与の支払方法

労働基準法第24条第2項には、「賃金は、毎月1回以上、一定の期日を定めて支払わなければならない」と定められています（毎月1回以上定期払いの原則）。賃金の支払日間の間隔が長すぎたり、支払日が不確定だと、労働者の生活を不安定にするためです。

そのため、年俸制を採用したとしても、年俸額は12分割されて毎月支払われることになります。

3　能力等が見込み違いの場合に年俸を下げることの可否

１年の期間経過後に年俸を下げようとする場合は、年俸額決定のための成果・業績評価基準、年俸額決定手続、減額の限界の有無、不服申立手続等が制度化されて就業規則等に明示され、かつ、その内容が公正な場合に限り、使用者に評価決定権があるとされます。このような就業規則の整備を怠って、上記要件を満たさない場合、使用者による一方的決定は許されず、合意が成立しないときには、従前の年俸額に据え置かれることになります（日本システム開発研究所事件　平20・4・9　東京高判）。したがって、減額のためには上記要件を満たす必要があります。

期間途中の場合にも同様です。いったん定められた年俸額は、労働契約の内容となっているため、当該年度の途中で減額することは、就業規則の変更によるとしてもできません（シーエーアイ事件　平12・2・8　東京地判）。また、使用者と労働者との合意によるとしても、契約期間途中の場合には、賃金債権の放棄と同様に、労働者の自由な意思に基づいてなされたものと認められる合理的理由の存在が必要とされており、減額変更は制限されています（北海道国際航空事件　平15・12・18　最一小判）。

（弁護士・草開文緒）

◆ 参考文献 ◆
菅野和夫「労働法　第9版」（弘文堂）
山川隆一「雇用関係法　第4版」（新世社）
土田道夫他「ウォッチング労働法　第3版」（有斐閣）

Q26 退職金から不正使用の返還金を控除できますか

このたび退職することとなった従業員が、経費を不正に使用していたことが分かりました。退職金から不正使用分の返還金を控除することは可能でしょうか。

A 就業規則の減額・不支給規定がなければできない

ポイント 就業規則に退職金の減額・不支給規定があればそれによりますが、なければ全額支給してから損害賠償をすることになります。

1 就業規則に退職金減額・不支給規定が存在しない場合

就業規則や退職金規程に退職金減額・不支給規定が存在しない場合、退職金を減額、不支給とすることは許されず、全額を労働者に支払う必要があります。

裁判例も、労働者の退職当時、退職金不支給事由を定めた規定が会社に存在しなかったという事実を認定したうえ、当該会社の「退職金制度は、従業員に重大な背信行為があると否とを問わず、また、退職の形式すなわちそれが任意退職であると懲戒解雇であるとを問わず、退職金を支給する内容のものであったと認められる。」旨判示しています。[1]

なお同判決は、退職金は、就業規則等により支給条件が企業内の制度として明確に定められた以上、単なる恩恵的給付に止まらず、労働基準法11条の労働の対償たる賃金の性格を有することを指摘しています。

退職金減額・不支給規定が存在しない場合、退職金全額を労働者に支払ったうえ、不正使用分については別途損害賠償請求を行うなどして支払いを求めることにならざるを得ません。

2　就業規則に減額・不支給規定が存在する場合

　もし就業規則や退職金規程に、経費の不正使用者に対する退職金の減額・不支給規定が存在するのであれば、かかる規定に基づく退職金の減額・不支給を行うことが可能です。

　ここで気をつけなければならないのは、退職金没収・減額規程が単に存在するだけでは不十分であり、退職金減額・不支給規程を有効に適用することが可能となるのは、労働者のそれまでの勤続の功を抹消ないし減殺してしまう程の著しく信義に反する行為があった場合に限られるということです。*2

　労働者が経費の不正使用を長年、多額にわたって行ってきたような場合であれば、かかる基準に該当する可能性が高いと考えられますが、単発の不正使用であったり、少額の不正使用であったような場合には、退職金減額・不支給規定の適用判断を慎重に行う必要があります。

3　最近の実務の傾向

　最近の判例の傾向として、退職金減額・不支給規定の適用を認めず、労働者に対する退職金支払いを命ずる判決が目立って出されています。強制わいせつ致傷罪という重罪に問われた労働者に対して、本来の退職金額の４割５分もの支払いを命じたものがあり、注目に値します。*3

　　　　　　　　　　　　　　　　　　　　　　　　（弁護士・浦辺英明）

*1　日本コンベンションサービス事件（平10・5・29大阪高判）
*2　菅野和夫「労働法　第9版」（平成22年、弘文堂）423頁
*3　X社事件（平24・3・30東京地判）

Q27 時間帯別時給の場合、割増賃金の算定基礎はどうなりますか

当社のパート従業員は所定労働時間が7時間で、時給は10時から17時までは850円、17時から22時までは900円、22時から翌0時までは1,100円と定められています。10時から20時まで勤務（休憩1時間）した場合、割増賃金はいずれの時給を基礎として算定すればよいでしょうか。

A 勤務した時間に該当する時給が割増賃金の算定基礎となる

ポイント この場合、法定労働時間である8時間を超えた1時間の部分について割増賃金を支払う必要があり、その場合の算定基礎は、19時から20時までの時給である900円ということになります。

1 割増賃金の計算方法

労基法第37条は使用者に割増賃金支払義務を定めていますが、これは労基法第32条の法定労働時間を超える部分についてです。

したがって、所定労働時間である7時間を超え、8時間以下の所定外労働時間については、就業規則に特段の定めがない限り、割増賃金の支払は不要です。

割増賃金の計算方法は、労基法第37条、労基則第19条から同第21条に規定されており、時間外労働に対する割増賃金の算定基礎については、「通常の労働時間又は労働日の賃金の計算額」と定められています。時給制の場合には、時間給（時給単価）に時間外労働の時間数を乗じた額となります（労基則第19条第1項参照）。

この点、本設例のように、時間帯別に時給が異なる場合には、実際に労働した時間に該当する時給が割増賃金の算定基礎となります。

本設例では、法定労働時間を超える時間は19時から20時ですので、当該

時間の時給である900円が時間外労働に対する割増賃金の算定基礎となり、これに1.25を乗じた額（1,125円）を割増賃金として支払う必要があります。

2　深夜割増賃金について

　設例のケースで、17時から翌０時まで労働した場合には、22時から翌０時までの労働について深夜割増賃金が発生しますが、この場合の算定基礎は、「通常の労働時間」の時給である1,100円となります。

　なお、設例のケースにおいては、22時から翌０時までの時給1,100円が、10時から17時までの時給850円に深夜割増の1.25を乗じた額を上回っているため、22時以降の時給について、深夜割増手当を含めた額として設定されたものと余地があります。

　この点、行政解釈は「労働協約、就業規則その他によって、深夜の割増賃金を含めて所定賃金が定められていることが明らかな場合には、別に深夜の割増賃金を支払う必要はない」としています[*]。

　したがって、22時から翌０時までの時給1,100円のうち、通常の労働時間に対する賃金部分が850円で、深夜の割増賃金部分が、250円（法律上は213円以上）ということを就業規則等で明確に定めていれば、時給額につき、深夜労働の割増賃金を含めて設定したといえ、別途の割増賃金の支払いは不要となります。

（弁護士・平井彩）

[*]　昭23・10・14基発1506号

Q28 行方不明従業員の妻から、残余賃金の請求がありましたが支払うべきですか

当社で1ヵ月前から行方不明で連絡の取れない従業員がいます。先日、当該従業員の妻から残余賃金、退職金の支払いを求められたのですが、支払ってもよいのでしょうか。

A 配偶者への残余賃金、退職金の支払いは、賃金の直接払いの原則に反する

ポイント 代理人への賃金の支払いは、労働基準法24条の直接払いの原則に違反します。もっとも、実務上は、トラブルリスクを回避したうえで配偶者へ残余賃金、退職金を支払うこともあります。

1 賃金の直接払いの原則

賃金は、直接労働者に支払わなければなりません（労基法第24条第1項）。これを賃金の直接払いの原則といいます。これは、親方や職業仲介人が代理受領によって中間搾取をするといった弊害を排除し、労務の提供をした労働者本人の手に賃金全額を帰属させる趣旨の規定です。

2 代理人または使者への賃金の支払い

上記の趣旨から、労働者の親権者やその他の法定代理人および任意代理人に賃金を支払うことは、労基法24条1項違反となります。

もっとも、使者に対して賃金を支払うことは差し支えないものとされています[*1]。

使者なのか代理人なのかの区別をすることは実際上は困難な場合もありますが、「社会通念上、本人に支払うのと同一の効果を生じるものか否かによって区別される」とされています[*2]。したがって、病気欠勤中の従業員の賃金を当該従業員の妻に支払うことは、使者に対する賃金の支払い

として、賃金の直接払いの原則には違反しません。

　もっとも、本設例のように、労働者が行方不明の場合には、本人の意思が不明のため、妻に支払うことが「社会通念上、本人に支払うのと同一の効果を生じる」とはいえません。

　したがって、行方不明従業員の妻への残余賃金および退職金の支払いは、法的には賃金直接払いの原則に反するものと考えます。

3　実務対応

　もっとも、実務では、家庭に問題がなく、家庭問題以外の理由によって失踪したことが明らかな場合には、当該労働者の残された家族の生活に鑑み、決して失踪した従業員に後日、賃金を請求させないこと、および、仮に当該従業員が請求し、使用者が二重払いをしなければならない状況になった場合には、受領した賃金および退職金を返還する旨の誓約書を親族全員から提出してもらったうえで、配偶者に残余賃金および退職金を支払う方法を考えられます（退職金については、そもそも退職の効力が生じていることが前提となります）。

　ただし、失踪の理由が不明の場合には、トラブルリスク回避のため、直接払いの原則を徹底すべきでしょう。

（弁護士・平井彩）

＊1　昭63・3・14基発150号
＊2　厚生労働省労働基準局編「平成22年版・労働基準法（上）」150頁

ひとくちメモ

●直接払いの原則
　労働基準法第24条第1項では「賃金は、通貨で、直接労働者に、その全額を支払わなければならない。…」とされ、同条第2項では「賃金は、毎月1回以上、一定の期日を定めて支払わなければならない。」として、①通貨払い②直接払い③全額払い④毎月払い⑤一定期日払い——の5原則が定められています。

Q29 通勤手当の不正受給で返還請求できるのは2年分だけですか

当社では、片道2キロ以上電車で通勤する社員に対して通勤手当を実費で支給していますが、ある社員が、自転車で通勤しているにもかかわらず、通勤手当を不正に受給していることが判明しました。この場合、返還請求できるのは2年分だけですか。また、返還請求する場合に、賃金から控除することはできますか。

A 不正受給にかかる返還請求権の消滅時効は10年

ポイント 通勤手当の返還請求権は、民法上の不当利得返還請求権であり、消滅時効は10年となります。また、賃金から控除する方法としては、労使協定による控除と当該労働者の合意に基づく相殺による方法があります。

1 通勤手当の法的性質と消滅時効

本来、通勤に係る費用は、労務提供が持参債務であることから労働者が負担すべきものであり、通勤手当は、業務費ではなく、その支給基準が定められている限り、労基法上の「賃金」に該当するとされています[*1]。

もっとも、不正に受給した通勤手当の返還請求をする場合には、賃金そのものではなく、返還請求権ですので、当該債権は、民法第703条ないし第704条の不当利得返還請求権に該当し、消滅時効は、賃金債権の消滅時効の2年ではなく、民法第167条第1項の10年の消滅時効にかかります。

したがって、過去10年分は通勤手当の返還請求ができることになります。

2 会社側で一方的に賃金から控除する場合

賃金は、労働者に対し、全額支払わなければなりません（労基法第24条第1項、賃金の全額払いの原則）。ただし、①法令に別段の定めがある場合

または②労使協定を締結すれば、賃金からの控除を行うことが可能です。

　本設例のような、通勤手当の不正受給は賃金の過払いであり、この場合、①法令に別段の定めはないことから、②労使協定に「賃金過払分」との控除項目が規定されていれば、賃金から控除することも可能といえます。

　ただし、判例上[*2]、賃金全額払いの原則には相殺禁止の趣旨も含むとされており、一支払期の賃金あるいは退職金の4分の1までしか控除できません（民法第510条、民事執行法第152条）。

3　労働者との合意による賃金からの控除（合意相殺）

　判例上[*3]、使用者が労働者の同意を得て行う相殺は、当該相殺が「労働者の自由な意思に基づいてなされたものであると認めるに足りる合理的理由が客観的に存在するとき」は、賃金全額払いの原則に反しないとされています。

　したがって、労使協定に「賃金過払分」との控除項目が無い場合であっても、当該労働者と合意すれば、賃金からの控除も可能です。

　本設例の場合には、労働者が不正を行っているため、労働者の自由な意思が認められやすいものと考えられます。

（弁護士・平井彩）

* 1　昭25・1・18基収130号、昭33・2・13基発90号。
* 2　関西精機事件（昭31・11・2最二小判）、日本勧業経済会事件（昭36・5・31最大判）。
* 3　日新製鋼事件（平2・11・26最二小判）。

ひとくちメモ　●不当利得

　民法第703条では「法律上の原因なく他人の財産又は労務によって利益を受け、そのために他人に損失を及ぼした者（以下この章において「受益者」という。）は、その利益の存する限度において、これを返還する義務を負う。」と定められています。その時効は、第167条第1項により「債権は、10年行使しないときは、消滅する」とされています。

Q30 減額予想される締切日の変更は許されますか

賃金締切日の変更についておたずねします。当社の賃金は、毎月20日締めで25日支払いと決めていました。しかし、このたび会計を統一するため、賃金計算期間を暦月とし、翌月10日支払いに変更したいと思います。当社は日給月給制ですので、賃金締切日を変更した月は、一時的に10日分前後の賃金（21日〜末日）だけで、通常よりかなり減額になることが考えられますが、このような賃金締切日の変更も許されるのでしょうか。

A 「賃金支払いの5原則」には抵触しないが十分説明を

ポイント 賃金締切・支払日の切り換えによって一時的に賃金額がダウンしたとしても、賃金計算期間が暫定的に短くなったための結果です。また、支払期限も、ある月の労働に関する賃金をその月のうちに支払わなければならない、ということでもありません。ただし、労働基準法に抵触することはありませんが、労働契約の不利益な変更とされる場合もあり、十分な説明などが必要です。

賃金の支払いについては、労働基準法第24条が①通貨払い、②直接払い、③全額払い、④毎月払い、⑤一定期日払い、の5原則を定めています。ご質問の賃金締切日の変更がこれらの5原則に触れるとすれば、③の全額払い、④の毎月払い、⑤の一定期日払いが考えられますので、これらの3点について考えてみましょう。

1 毎月払い

まず、毎月払いの原則ですが、ここでいう「毎月」とは暦によるものと解されますから、毎月1日から月末までの間に少なくても1回は賃金を支

払わなければならないことになります。貴社は、従来締切日の賃金（前月21日～当月20日分）を当月25日に支払い、切替えにより変更した締切日の賃金（当月21日～末日分）を翌月10日に支払うようですので、「毎月払い」には違反しません。

2　一定期日払い

　次に、一定期日払いとの関連ですが、「一定の期日」とは期日が特定されるとともに、その期日が周期的に到来するものでなければなりません。しかし、いったん決めた期日は以降これを変更することができない、というものではありません。賃金の支払日は、就業規則や労働協約によって自由に定め、または変更し得るものですから、使用者が事前に労基法第90条の手続きに従って就業規則を変更する限り、支払日が変更されても第24条違反とはならないと解されます。

3　全額払い

　最後に、全額払いは、賃金の全部もしくは一部を控除して支払ったようなときに、初めて全額払いの違反が生ずるのです。ご質問の場合は、締切日・支払日の移動に伴う賃金計算期間の一時的な短縮にすぎません。ただし、労働契約の変更であることには変わりありませんし、一時的な減額だとしても不利益変更としての問題もありますので、十分に説明することや不利益緩和措置などによって合意を取っておくことが無難といえます。

（編集部）

ひとくちメモ

●労働契約の変更
　労働契約の変更は、労働契約法第8条で「その合意により変更することができる」とされています。同第9条では「使用者は、労働者と合意することなく、就業規則を変更することにより、労働者の不利益に労働契約の内容である労働条件を変更することはできない。」と定められています。ただし、第10条では、その内容が合理的なものである場合に限り、就業規則の変更と周知により変更することができる旨定められています。

Q31 賃金控除協定にはどのような記載が必要ですか

当社では、長年中断していた社員旅行を再開することになり、従業員ごとに旅行費を積み立てることになりました。そこで、毎月の賃金から旅行費を控除する場合の労使協定について教示してください。また、法令による場合などはこの協定なしに控除できるそうですが、協定の必要がない控除項目とは具体的にどのようなものなのでしょうか。

A 労働者の代表と書面による協定で控除項目、賃金支払日記載を

ポイント 労働者代表者と書面で作成した賃金控除協定を締結した場合、「賃金全額払い」の例外として、社内預金や組合費などを控除することが認められています。協定書の様式は任意ですが、少なくとも「控除対象となる具体的な項目」、「控除を行う賃金支払日」を記載する必要があります。労働基準監督署への届出は必要ありませんが、協定は企業単位でなく事業場ごとに締結しなければなりません。

1 賃金控除協定

労働基準法第24条で規定する「賃金全額払い」の例外として、「当該事業場の労働者の過半数で組織する労働組合があるときはその労働組合、それがないときは労働者の過半数を代表する者との書面による協定がある場合」に、賃金の一部を控除して支払うことが認められます。

この協定書の様式は任意ですが、少なくとも、①控除の対象となる具体的項目、②各項目別に定める控除を行う賃金支払日、を記載しておくことが必要です。協定の有効期間を定めるか否かは自由です。

労使協定により控除が認められるものとしては「購買代金、社宅、寮その他の福利、厚生施設の費用、社内預金、組合費等、事理明白なもの」(昭

27・9・20 基発第675号、平11・3・31 基発第168号）が挙げられます。
　ただし、労働することを条件とする前貸金は、この賃金控除協定を結んでも賃金から控除することはできません。
　なお、控除の限度はありませんが、民法第510条および民事執行法第152条により4分の3は差押えができないとされています。

2　協定不要の控除項目

　一方、ご質問のとおり、法令による場合などは、この控除協定がなくても控除ができます。具体的には、以下のとおりです。
(1) 法令で定められているもの。源泉徴収による給与所得税、住民税、健康保険・厚生年金保険料、雇用保険料、日雇労働者健康保険料など
(2) 遅刻、早退、欠勤またはストライキなどで就労しなかった時間または日の賃金を差し引く場合
(3) 所定賃金支払日前に前払いをした額を清算する場合
(4) 一定の条件の下で過払賃金を清算する場合
(5) 就業規則に基づき労働基準法第91条の範囲内で減給の制裁をする場合

（編集部）

ひとくちメモ
●差押えの禁止
　民法第510条では「債権が差押えを禁じたものであるときは、その債務者は、相殺をもって債権者に対抗することはできない」としています。民事執行法第152条では、給料や退職金の4分の3に相当する部分は差し押えてはならないと定められています。

Q32 社会保険料の控除不足分は翌月支給の賃金から控除してよいでしょうか

給与から社会保険料の控除をする際、計算を誤り、本来より低い額を控除してしまいました。不足分を翌月支給の賃金から併せて控除してもよいでしょうか。

A 接着した時期で経済生活を脅かさない範囲で可能に

ポイント 当月分の不足分を翌月分の賃金から控除することは賃金精算ということで可能ですが、複数月にわたる不足分の控除という場合も、賃金清算の実を失わない程度に接着した時期のもので、金額等に照らし労働者の経済生活を脅かすものでない限りは、控除できます。

1 控除または法令の定めか労使協定がある場合

賃金の支払方法について、労基法は第24条第1項で、「賃金は、通貨で、直接労働者に、その全額を支払わなければならない」として、全額払いの原則を定めています。同原則は、生活の基盤たる賃金を労働者に確実に受領させるとの趣旨によるものです。ただし、法令に別段の定めがある場合または一定の要件を満たした労使の自主的な書面協定がある場合は、賃金の一部を控除して支払うことが可能です（同項ただし書）。ここにいう別段の定めのある法令とは、給与所得税の源泉徴収を認める所得税法第183条および地方税法第321条の5、保険料の控除を認める健康保険法第167条、厚生年金保険法第84条等の規定です。

ご質問の社会保険料（厚生年金保険料等）は、標準報酬月額等に一定の保険料率を掛けることにより算出され、事業主と従業員が半額ずつ負担しますが、（厚年法第81条第3項、第82条第1項）、納付義務は事業主が負います（同第82条第2項）。

2　複数月分の控除は一定の範囲に限定

　さて、ご質問では、賃金から控除すべき社会保険料を計算違いにより過小に算出してしまったとのことなので、当該月の賃金は過払いになっていることになります。そのため、過払分（＝控除不足分）を控除することが、法第24条第1項ただし書に該当しなくとも許されるかどうかが問題となります。この点、判例は、賃金過払いによる不当利得返還請求権を自動債権とし、その後に支払われる賃金支払請求権を受動債権とする相殺は、過払いのあった時期と賃金の清算調整の実を失わない程度に合理的に接着した時期においてされ、かつ、あらかじめ労働者に予告されるとかその額が多額にわたらない等労働者の経済生活の安定を脅かすおそれのないものであるときは、労基法第24条第1項の規定に違反しないとしています（福島県教組事件。なお、通達も、当該月の過払賃金を翌月の賃金から控除することは、賃金計算上の清算と解され、労基法第24条の違反には当たらないとしています（昭23・9・14　基発第1357号）。）。

　したがって、ご質問が当月分の不足額のみを翌月分から控除するという趣旨であれば可能ですし、仮に複数月分の不足額の控除という場合も、前記判例の挙げる要件に該当する場合には、可能と考えます。

（弁護士・本田敦子）

◆ 参考文献 ◆
安西　愈「全改訂　労働基準法のポイント」（厚有出版）
菅野和夫「労働法　第9版」（弘文堂）
最高裁判所判例解説（民事篇　昭和44年度　下）（法曹会）
厚生労働省労働基準局編「平成22年版　労働基準法　上」（労務行政）
厚生労働省労働基準局編「労働基準法解釈総覧」（労働調査会）

Q33 口座振込みに同意しない社員への対応はどうしたらよいですか

当社では、賃金を、社員が指定する銀行等の口座に振り込む方法により支払っているのですが、振込先である口座の指定書への記載を拒否し、会社が行っている支払方法に同意してくれない社員がいますが、どうしたらよいでしょうか。

A 同意がなければ原則どおり通貨で支払いを

ポイント 労基法上、賃金の支払いは、通貨払いが原則で（24条1項）、口座振込みによる支払は例外です。したがって、口座振込みに同意してくれない社員に対しては、原則どおり現金で支払わざるを得ません。

---

1 労基法は通貨払いが原則

労基法は、賃金の支払いについて、「賃金は、通貨で、直接労働者にその全額を支払わなければならない。」（第24条第1項）として、通貨払いを原則としています。これは、使用者に通貨による賃金支払いを義務づけることにより、価格が不明瞭で換価にも不便であり弊害を招くおそれが多い現物給与を禁止する趣旨です。

そのため、現在は一般的に行われている銀行等の口座振込みによる賃金の支払いは、現金手渡しではないので、前記原則に反するものとして、従前は禁止されていました。

しかし、昭和62年の労基法改正に伴う施行規則の改正の際、同規則第7条の2により、労働者の同意を得た場合には、賃金の支払いについて、当該労働者が指定する銀行その他の金融機関に対する当該労働者の預金または貯金への振込等の方法によることができると規定され、昭和63年4月1日以降口座振り込みによる支払いができるようになったのです（ちなみに、平成10年の施行規則改正により、証券会社の一定の要件を満たす預かり金

である証券総合口座への振込による賃金の支払いができることになりました（同規則第7条の2第2項）。）。

2 口座払いには同意が必要

そして、銀行等の口座振込み払いは、①本人の同意があること（同意の形式は問わない。口座指定書の提出でもよい。）、②振込先が本人名義の口座であること（妻や子の名義の口座は不可。）、③賃金の全額が所定の賃金支払日に払出し可能であることを要するとされています（昭63・1・1基発第1号）。

そうしますと、ご質問のように、労働者が銀行等の口座振込みによる賃金の支払いに同意しない場合は、原則どおり現金で支払うこととなります。口座振込みが原則と誤解して、同意しないことを非難したり、同意を強要しないよう注意が必要です。

Q&A
（弁護士・本田敦子）

◆ 参考図書 ◆
安西 愈「トップ・ミドルのための採用から退職までの法律知識」（中央経済社）
厚生労働省労働基準局編 「平成22年版 労働基準法 上」（労務行政）
厚生労働省労働基準局編 「労働基準法解釈総覧」（労働調査会）

Q34 ドライバーの無事故手当は割増賃金の計算から除外できますか

割増賃金の計算基礎となる賃金から、ドライバーの無事故手当を除外することはできますか。

A いわゆる除外賃金に該当せず算定基礎に入れるべき

ポイント いわゆる除外賃金は、労基法37条5項および労基則21条1～5号で規定されていますが、これらは限定列挙と解されており、無事故手当がこれらに該当しない限り、割増賃金の算定の基礎から除外することはできません。

1 家族手当や通勤手当は除外賃金

労基法（以下「法」）第37条第1項によれば、割増賃金は「通常の労働時間又は労働日の賃金」に一定の割増率を乗じて算定するとされています。

「通常の労働時間又は労働日の賃金」とは、割増賃金を支払うべき労働（時間外、休日または深夜の労働）が深夜でない所定労働時間中に行われた場合に支払われる賃金をいいます。他方、労働と直接的な関係が薄く、労働者の個人的事情に基づいて支給される賃金など、「通常の労働時間又は労働日の賃金」と言い難い賃金については、割増賃金の算定の基礎となる賃金から除外されています（法第37条第5項、規則第21条第1～第5号、以下「除外賃金」。）。

すなわち、家族手当、通勤手当（法第37条第5項）、別居手当、子女教育手当、住宅手当（労基則第21条第1～第3号）は、労働の内容や量とは無関係な労働者の個人的事情により支払われるものであるため、除外賃金とされました。もっとも、除外賃金か否かは、実質的に判断され、名称が家族手当や通勤手当とされていても、扶養家族の有無・数や通勤費用額な

どの個人的事情を度外視して、一律の額で支給される場合は、除外賃金とはなりません。

　また、臨時に支払われた賃金（労基則第21条第4号、通達（昭22・9・13 発基第17号）によれば「臨時的・突発的事由にもとづいて支払われたもの及び結婚手当等支給条件は予め確定されているが、支給事由の発生が不確定であり、かつ非常に稀に発生するもの」）は、その内容から通常の労働時間または労働日の賃金とはいえないため、除外賃金とされました。

　そして、1ヵ月を超える期間ごとに支払われる賃金（同第5号、賞与や1ヵ月を超える期間についての精勤手当、勤続手当、能率手当など）は、計算技術上割増賃金の基礎への算定が困難なため、除外賃金とされました。

2　除外賃金以外はすべて算入すべき

　これらの除外賃金は限定列挙と解されており、これ以外の賃金は、割増賃金の基礎となる賃金から除外することはできません。

　ご質問にあるドライバーの無事故手当はその具体的内容が明らかではありませんが、無事故の場合に月額一定額が支給される場合（平24・4・12　大阪高判　労判1050号5頁）や、労働者の個別の事情（無事故の頻度等）を査定せずに支給される場合（平21・3・16　東京地判　労判988号66頁）など、上記除外賃金に該当しないとされる場合は、除外することはできません。

（弁護士・本田敦子）

◆ 参考文献 ◆
安西　愈「全改訂　労働基準法のポイント」（厚有出版）
菅野和夫「労働法　第9版」（弘文堂）
厚生労働省労働基準局編「労働基準法　上」（労務行政）

Q35 歩合給がある営業職の割増賃金はどのように計算するのですか

割増賃金の算定に当たり、月例賃金の一部に歩合給がある営業職などはどのように計算すればよいでしょうか。

A 時間単価は歩合給を総労働時間で除して算出

ポイント 労基法27条にいう保障給部分が賃金総額のおおむね6割程度以上を占めるように設定したうえで、固定給部分と歩合給部分のそれぞれについて労基則19条1項の計算方法に従い、それを合算して割増賃金を算定します。

1 まずは保障給が必要

ご質問の「歩合給」は、一定の労働給付の結果または一定の出来高に対し賃率が決められるものといえるので、労基法第27条にいう「出来高払制その他の請負制」の賃金に当たると考えられます。

労基法第27条は、「出来高払制その他の請負制で使用する労働者については、使用者は、労働時間に応じ一定額の賃金の保障をしなければならない」と規定しており、ここにいう保障給については、「本条は労働者の責めに基かない（ママ）事由によって、実収入賃金が低下することを防ぐ趣旨であるから、労働者に対し、常に通常の実収入賃金と余りへだたらない程度の収入が保障されるように保障給の額を定めるように指導する」とされています（昭22・9・13　発基第17号、昭63・3・14　基発第150号）。具体的には、休業の場合に労基法第26条が平均賃金の100分の60以上の手当の支払いを要求していることに鑑み、労働者が現実に就業している本条の場合も、少なくとも平均賃金の100分の60程度を保障することが妥当と解されています。

もっとも、月給は広い意味では保障給に類するので、歩合給と固定給が

併給されている場合は、固定給部分と本条の保障給との合計額が通常の実収入賃金と余りへだたらない程度になるように保障給を定めていれば、たとえその保障給の部分が著しく少額であっても、本条の趣旨に反するとは解されません。むしろ賃金構成からみて固定給部分が賃金総額のおおむね6割程度以上を占めている場合には、本条のいわゆる「請負制で使用する」場合に該当しないと解されています（前掲通達）。

2　固定給部分との合算も必要

そして、割増賃金は「通常の労働時間の賃金」に割増率を乗じて算定しますが、歩合給の場合の「通常の労働時間の賃金」は、「賃金算定期間において出来高払制その他の請負制によって計算された賃金の総額を当該賃金算定期間における、総労働時間数で除した金額」とされているので（労基則第19条第1項第6号）、割増賃金は、歩合給部分を総労働時間数で除した金額に割増率（0.25）を乗じて算定します。長時間となったことで結果として歩合給が増えたとしても、割増賃金を支払ったことにはならないので、注意が必要です。また、歩合給と固定給が併給されている場合は、固定給部分の割増賃金が別途発生します。

（弁護士・本田敦子）

◆ 参考文献 ◆
厚生労働省労働基準局編「労働基準法　上」（労務行政）
厚生労働省労働基準局編「労働基準法　解釈総覧」（労働調査会）

Q36 大雪が予想されるときの早じまいに休業手当は必要ですか

大雪が予想されるときの早じまいに休業手当は必要ですか。

A 不可抗力に当たる場合を除き休業手当は必要

ポイント 労基法26条により、使用者の責に帰すべき事由による休業の場合（天災事変等の不可抗力による場合を除く。）、休業手当を支払わなければならないとされているので、大雪が予想されるときの早じまいの場合は、まだ不可抗力とはいえず原則として休業手当は必要と考えます。

1 平均賃金の6割が休業手当

労基法第26条は、使用者の責に帰すべき事由による休業の場合、使用者に、休業期間中当該労働者に対し、その平均賃金の100分の60以上の手当を支払わなければならないと規定しています。

同条にいう「使用者の責に帰すべき事由」とは、反対給付請求権の有無について規定する民法第536条第2項の「債権者（注：使用者）の責めに帰すべき事由」（注：故意、過失または信義則上これと同視すべき事由と解されています。）よりも広く、経営者として不可抗力を主張し得ない一切の場合を包含すると解されています。つまり、労基法第26条では、天災事変等の不可抗力による場合を除いて、経営上の障害による休業の場合も、使用者の責めに帰すべき事由による休業に該当し、休業手当を支払うことになります。

2 「不可抗力」に2つの要件

そして、「不可抗力による」休業といえるためには、①その原因が事業の外部より発生した事故であること、②事業主が通常の経営者として最大の注意を尽くしてもなお避けることができない事故であることという2つ

の要件を満たす必要があると解されています。

　この点、厚労省は、東日本大震災により、事業場の施設等は直接被害を受けなかったものの、取引先や鉄道等が被害を受け、原材料の仕入れ、製品の納入等が不可能になったために労働者を休業させる場合が「使用者の責に帰すべき事由」による休業に当たるかとの質問に対し、労働基準法等に関するＱ＆Ａ（平成23年３月18日）において、「今回の地震により、事業場の施設・設備は直接的な被害を受けていない場合には、原則として『使用者の責に帰すべき事由』による休業に該当すると考えられます。」としたうえで、不可抗力による休業に関する前記①、②の要件を満たす場合は、「例外的に『使用者の責めに帰すべき事由』による休業には該当しないと考えられます。具体的には、取引先への依存の程度、輸送経路の状況、他の代替手段の可能性、災害発生からの期間、使用者としての休業回避のための具体的努力等を総合的に勘案し、判断する必要があると考えられます。」と述べています。

　そうしますと、ご質問の大雪が予想される場合の早じまいは、大雪という事業外の事由が端緒ではあるものの、大雪により事業の休止をやむなくされる場合には当たらないので、原則として休業手当が必要と考えます。

Ⓠ（弁護士・本田敦子）

◆ 参考文献 ◆
安西　愈「全改訂　労働基準法のポイント」（厚有出版）
厚生労働省労働基準局編「労働基準法　上」（労務行政）
厚生労働省ＨＰ「平成23年東北地方太平洋沖地震に伴う労働基準法等に関するＱ＆Ａ」（第１～３版）

Q37 1ヵ月の試用期間中に解雇予告するときの手当の計算は

当社は試用期間を1ヵ月としていますが、この試用期間の途中で解雇することを決めました。この場合の予告手当の支払いは必要なのでしょうか。

A 試みの使用期間中でも14日を超えると必要

ポイント 労働基準法では試みの使用期間中の者は解雇予告手当は払わなくてもよいとしていますが、14日を超えて引き続き使用されるに至った場合は予告手当の支払いが必要です。

(1) 解雇予告手当について

使用者は、労働者を解雇しようとする場合においては、少なくとも30日前に予告をしなければならず、30日前に予告をしない使用者は、30日分以上の平均賃金を支払わなければなりません（労働基準法第20条第1項）。

もっとも、この予告の日数は、1日について平均賃金を支払った場合においては、その日数を短縮することができます（第20条第2項）。

例えば、1月31日をもって解雇することを1月11日に予告した場合、1月12日から1月31日までの20日間が解雇までに要する日数です。したがってこのときは、30－20＝10日分の平均賃金を支払えば解雇できることになります。

(2) 解雇予告が適用されるのは

解雇予告手当支払義務は、期間の定めのない労働契約にも期間の定めのある労働契約を途中で解約する場合にも適用があります。例外的に、天災事変その他やむを得ない事由のために事業の継続が不可能となった場合または労働者の責に帰すべき事由に基づいて解雇する場合は適用がありませ

んが、その場合も、労基署長の認定を受けなければなりません（第20条第3項）。

(3) 試用期間中の解雇の場合は

また、第21条第4号は、試用期間中の者については、解雇予告手当を支払わなくてもよいことを定めています。もっとも、同条は、試用期間中の者について、14日を超えて引き続き試用されるに至った場合はこの限りでないとしているので、14日を超えて就労している試用期間中の者については解雇予告手当を支払う必要があります。

したがって、1月1日に採用された者が1月15日も引き続き試用される場合には、30日前に予告をするか、または30日分の以上の平均賃金を解雇予告手当として支払うか、あるいは1日の平均賃金の額を支払った分だけ短縮された解雇予告手当を支払って解雇をするべきことになります。

(4) 試用期間中に解雇する場合の注意点

なお、試用期間中の契約の性質について、最高裁の判例では、労働契約は試用期間中も成立しているが、正社員として不適格であると判断した場合には労働契約を解約できるとされています。本採用拒否は通常の解雇よりは広く、しかし、客観的に合理的な理由があり社会通念上相当な場合に認められることになるでしょう。

（弁護士・草開文緒）

ひとくちメモ

●試用期間中の者の平均賃金

労働基準法第12条第3項第5号では、平均賃金の算定期間中に試みの使用期間がある場合には、その期間と賃金額を控除して算定しなければならないと定めています。しかし、試みの使用期間中に平均賃金を算定すべき事由が発生したときは、同法則第3条で「その期間中の日数及びその期間中の賃金は、……期間並びに賃金に算入する。」とされています。

Q38 メンタル不調で長期欠勤していた者の平均賃金の計算は

メンタル不調で長期欠勤している従業員やメンタル不調で長期欠勤した後に復職して1週間程度勤務している従業員についてはどのように平均賃金を算定すればよいのでしょうか。

A　復職した後の賃金と日数で算定する

ポイント　長期欠勤者については長期欠勤開始日以前の3ヵ月の賃金および日数から、長期欠勤後復職者については復職後の賃金および日数から、労基法12条1項の方法で平均賃金を計算します。

1　平均賃金の計算方法

平均賃金算定の基本原則は、労働者の生活を保障するために、労働者の通常の生活賃金をありのままに算定しようとすることにあります。そのため、「平均賃金」は、算定すべき事由の発生した日から起算してそれ以前の3ヵ月間に支払われた賃金の総額を、その期間の総日数で除して計算されます（労基法第12条第1項）。

もっとも、このような方法を用いた場合、期間中に休業したため賃金の総額が極端に少なくなった場合やその期間中に賞与等が支給されたため賃金の総額が異常に多くなった場合などには、通常の生活賃金からかけ離れたものとなるため、このような場合については、特別の考慮が払われています（同項第1号、第2号、第3項各号、第4項など）。

また、これらの方法をもっても、なお妥当な生活賃金を算定することができない場合には、厚生労働大臣がこれを定めることとされています（同条第8項）。

2　都道府県労働局長または厚生労働省労働基準局長への委任

　労基法第12条第8項において厚生労働大臣の定めるところとされた平均賃金については、昭和24年労働省告示第5号によりその決定権限が都道府県労働局長または厚生労働省労働基準局長に委任されています。

3　長期休業者の平均賃金の計算

(1) 長期休業者

　使用者の責に帰すべからざる事由による休業期間が平均賃金の算定事由の発生日以前3ヵ月以上にわたっていた場合の平均賃金は、都道府県労働局長がこれを決定します（上記告示第1条）。

　そして、その場合の決定基準は、①休業開始の日を、平均賃金を算定すべき事由の発生した日とみなし、労基法第12条第1項の方法で算定すること、②休業期間中に賃金水準の変動があった場合は、平均賃金を算定すべき事由の発生した日に、当該事業場において、同一業務に従事した労働者の1人平均の賃金額により、これを推算すること、とされています（昭24・4・11　基発第421号、昭22・9・13　発基第17号）。

(2) 長期休業からの復職者

　私病による長期欠勤者につき、復職後、平均賃金の算定事由が発生した場合は、厚生労働省労働基準局長がこれを決定します（上記告示第2条）。具体的には、出勤日以降の賃金および日数について、労基法第12条第1項の方法を用いて算定するとされています（昭25・12・28　基収第4197号、昭26・12・27　基収第5942号）。

（弁護士・藤原宇基）

Q39 節電対策で休業したら休業手当は必要ですか

節電対策により休業日を設けようと思うのですが、休業手当を支払う必要がありますか。

A 計画停電の場合は不要だが企業の節電対策なら必要

ポイント 原則として、平均賃金の60％以上の休業手当の支払が必要となると解されます。

1 休業手当に関する考え方

(1) まず、ノーワーク・ノーペイの原則（民法第623条）により、労働者が働かなければ賃金が発生しないのが原則です。

(2) しかし、使用者の責に帰すべき事由による休業の場合は、平均賃金の60％以上の休業手当が支払われます（労基法第26条）。

この場合の「使用者の責に帰すべき事由による休業」には、天災地変等の不可抗力による場合および事業主の関与範囲外の一般的原因による場合を除き、原料、資金その他企業施設の関係から起こった休業（いわゆる経営障害）も含まれると解されます。

(3) また、債権者（使用者）の責に帰すべき事由による休業の場合は、100％の賃金が支払われます（民法第536条第2項）。

この場合の「債権者の責に帰すべき事由」とは、労基法第26条の「使用者の責に帰すべき事由」よりも狭く、「債権者の故意、過失または信義則上これと同視すべきもの」をいい、いわゆる経営障害はこれに含まれないと解されます。

(4) 就業規則等により、労働契約上、労基法第26条や民法第536条第2項と異なる規定がある場合は注意が必要です。

まず、労基法第26条は強行法規であるため、これを下回る労働契約は無

効ですが、労基法第26条を上回る規定（例えば、「使用者の責に帰すべき事由による休業の場合、賃金を100％支払う」など）は有効であり、これが適用されます。

他方、民法第536条第2項は、任意規定であるため、これを排除する労働契約上の規定も有効と解されており、例えば、「債権者（使用者）の責に帰すべき事由による休業の場合、平均賃金の60％のみを支払う」と規定した場合、これが適用されます。

2　節電対策による休業の場合

計画停電の実施により休業せざるを得ない場合は、不可抗力ないし事業主の関与範囲外の一般的原因による場合として原則として、労基法第26条の休業手当も発生しません。

他方、節電対策による休業の場合は、節電対策が求められることは想定されていること、所定休日の見直し、秋期への事業活動の振替等の対応が考えられること等から、原則として使用者の責に帰すべき事由による休業に該当し、平均賃金の60％以上の休業手当（労基法第26条）の支払が必要となると解されます。

もっとも、使用者の故意、過失または信義則上これと同視すべきものには当たらないため、100％の賃金の支払までは必要ないと解されます（労働契約上特別の規定がある場合を除く。）（厚生労働省「節電に向けた労働時間の見直しなどに関するQ＆A」参照）。

（弁護士・藤原宇基）

Q40 景気悪化でシフトが減ったときパートにも休業手当は必要ですか

当社のパートの場合、1週間の所定労働日数を4日、1日の所定労働時間数を5時間と定めて雇用した後、具体的な所定労働日、所定労働時間は、1ヵ月ごとにシフトを組むという方法で決定しております。そのような中、当社では、景気悪化のため、パートに対して、所定労働日数、所定労働時間数に満たないシフトしか組むことができない状況になってしまいましたが、その場合、休業手当を支払う必要はありますか。

A 同意を得られなければ休業手当の支払いが必要

ポイント パートからの個別同意の有無で休業手当を支給する必要があるのかが決まります。

1 労働基準法第26条にいう「休業」とは

労働基準法第26条にいう「休業」とは、所定労働日の所定労働時間に、労働者が就労することができ、かつ、就労する意思を有しているにもかかわらず、使用者から就労を拒否され、または、就労が不可能となった場合をいいます。

2 会社が、所定労働日数、所定労働時間数を一方的に減らすシフトを組んだ場合

本件のように、週4日、1日5時間といった、一定期間の所定労働日数、所定労働時間数のみが特定されている場合であっても、会社が、当該パートからの同意を得ることなく、一方的に所定労働日数、所定労働時間数に満たないシフトを組んだ場合、満たない部分については「休業」と評価されます。そして、本件の場合、景気悪化を理由とする休業ということにな

りますので、「使用者の責に帰すべき事由」に該当するものと考えられ、休業手当の対象となります。
　例えば、週3日、1日5時間というシフトを組んだ場合、1日分の休業手当が必要となります。
　また、週4日、1日3時間というシフトを組んだ場合、1日の賃金が、平均賃金の6割を下回っていれば、その差額分を支給する必要があります（昭27・8・7　基収第3445号）。

3　会社が、パートからの同意を得て所定労働日数、所定労働時間数を減らすシフトを組んだ場合

　一方で、会社が、当該パートから個別に同意を得たうえで所定労働日数、所定労働時間数を減らすシフトを組んだ場合、当月における所定労働日数、所定労働時間数について労働契約の内容である労働条件の変更について合意があったものと評価でき（労働契約法第8条）、その場合、従前の所定労働日数、所定労働時間数に満たない部分については、そもそも所定労働日、所定労働時間ではなくなるため、「休業」には該当せず、当該パートに対する休業手当の支給も不要となります。
　ただし、この場合においても、個別同意は、当該パートの自由な意思に基づくものである必要があり、そうでなければ、そのような同意自体が無効と評価される可能性があります。

（弁護士・橋村佳宏）

Q41 免停の自動車運転者の自宅待機で休業手当は必要ですか

当社は運送業を営んでおりますが、ドライバー従業員が、私生活で飲酒運転をし、免停となりました。その結果、ドライバー業務に従事できなくなったため、当該従業員を自宅待機としましたが、その間の休業手当を支払う必要はありますか。また、当該従業員を、復帰するまでの間、同意の上で内勤業務に配転し、それに見合った賃金に減額しましたが、結局、ドライバーとして復帰できず、解雇としました。その場合の解雇予告手当は、減額後の賃金を基準に30日分の平均賃金相当額を支払えばよいのでしょうか。

A 使用者の責に帰すべき休業に当たらないので必要はない

ポイント 労働者の責に帰すべき事由により就労できなくなった場合には休業手当は必要ありません。

1 自宅待機の場合の休業手当支払いの要否

「使用者の責に帰すべき事由」による休業でなければ、休業手当は必要ありません（労働基準法第26条）。

本件の場合、当該従業員は、私生活において飲酒運転を行った結果、免停となり、ドライバー業務に従事できなくなったのですから、「労働者の責に帰すべき事由」により労働義務を履行できない状況に陥ったと評価でき、休業手当の要件である「使用者の責に帰すべき事由」には該当せず、休業手当の支払いは必要ないと考えます。

なお、会社としては、当該従業員に対し、例えば内勤業務に配転するなど、従事可能な業務を与えなかったことをもって、直ちに「使用者の責に帰すべき事由」による休業と評価されるものではないと考えます。

ただし、会社の過去の慣行として、業務上あるいは私生活上の理由を問

わず、免停となったドライバーに対して、一定期間内勤業務に従事させることで一定の賃金を保障してきたような事情がある場合などによっては、「使用者の責に帰すべき事由」による休業と評価される可能性はあります。

2　解雇予告手当の算定方法

　まず、即日解雇する場合には、平均賃金の30日分以上の解雇予告手当を支給しなければなりません（労働基準法第20条第1項）。

　ここで、平均賃金の計算方法ですが、労働基準法第12条第1項、同条第2項では、平均賃金を算定すべき事由の発生した日の直前の賃金締切日以前3ヵ月間に当該従業員に支払われた賃金の総額を、その期間の総日数で除することで算出することになります。

　そのため、本件の場合、賃金減額後の期間が、平均賃金を算定すべき事由の発生した日の直前の賃金締切日以前3ヵ月間に含まれていれば、減額後の賃金が平均賃金算定の基準となります。

　なお、労働基準法第12条第3項では、平均賃金算定における控除期間が定められておりますが、本件の場合、賃金減額後の期間について、いずれの控除期間にも該当しないものと考えられます。

（弁護士・橋村佳宏）

Q42 休業手当の支払い義務は派遣元が負うのですか

当社は、主としてプログラマーを派遣している派遣会社です。先日、派遣先の一つであるA社のコンピュータが故障したということで、派遣していた従業員が午後から帰ってきました。故障が直るのは2日後ということなのですが、この間の従業員の賃金はどのように考えればよいのでしょう。当社の方で労働基準法上の休業手当を支払うべきものなのでしょうか。

A 休業の原因が派遣先にあっても派遣元で不可抗力であるかどうかを検討

ポイント 派遣中の労働者にかかわる休業手当は、派遣元の使用者にとって不可抗力であると認められる場合を除き、派遣元の使用者（貴社）が支払わなければなりません。派遣先のコンピューターの故障により派遣従業員を就労させられないことであっても、派遣元において不可抗力であるかどうかを検討し、そうでなければ貴社が休業手当を支払う義務があります。

1 使用者の責に帰すべき休業なら休業手当の義務

労働者が使用者の責に帰すべき事由によって就業できなかった場合、労働基準法第26条はその労働者に対して平均賃金の100分の60以上の休業手当を支払うよう義務づけています。この「使用者の責に帰すべき事由」とは、使用者の故意、過失または信義則上これと同視すべきものよりも広いが、不可抗力によるものは含まれないとされています。

コンピュータの故障による就労不能が、使用者の責に帰すべき休業に当たるかどうかを考えてみましょう。故障の原因が社外の第三者により破壊された場合のように、使用者の関与範囲外のものに基づくときは不可抗力とされる余地もあるでしょう。一方、メンテナンス不良などによる場合は、

一般的に機械・設備の維持管理は経営者の責任においてなされるべきものと考えられることから、経営者として最大の注意を尽くしたとはいえず、不可抗力を主張できないと考えるべきです。

2　派遣元で不可抗力がなければ休業手当の義務

　ところで、派遣中の労働者について、使用者の責に帰すべき事由があるかどうかの判断は、派遣元の使用者についてなされるということになります。派遣先の不可抗力により操業できず、派遣スタッフを当該派遣先で就労させることができない場合であっても、それが派遣元の使用者の責に帰すべき事由に該当するか検討すべきです。

　派遣元の使用者は、派遣労働者を他の事業場に派遣できる可能性があるわけですから、使用者の責に帰すべき事由の存在は、それを含めて派遣元の使用者について判断すべきものとされています。

　このような判断の結果、派遣元の使用者にとって不可抗力であると認められる場合は休業手当は不要ですが、そうでなければ休業手当を支払うべきでしょう。

(編集部)

Q43 成績に応じた完全歩合給は可能ですか

当社の営業社員はこれまで基本給と歩合給でしたが、今後は歩合給のみの賃金制度とすることを検討しています。この制度だと売上げが伸びないと賃金が著しく低くなりますが問題ないでしょうか。

A 可能だが保障給を設け最低賃金以上支払いを

ポイント 労働基準法では保障給を定めることを義務づけていますし、最低賃金以上の支払いが必要となります。

1 完全歩合給制と労働基準法27条

労働基準法第27条には「出来高払制その他の請負制で使用する労働者については、使用者は、労働時間に応じ一定額の賃金の保障をしなければならない。」と規定されています。

ここで出来高払制とは、労働者の製造した物の量・価格や売り上げの額などに応じた一定比率で額が定まる賃金制度のことをいいます。

売上額に応じた歩合給制もこの出来高払制の一つということができるでしょう。

この規定の趣旨は、出来高払制の場合に労働者の賃金が、労働者の責に帰すべきでない事由によって著しく低下するのを防止することにあります。

したがって、完全歩合給、すなわち、売上等がゼロであるときにはそれに比例して賃金を全く支払わないことを認める制度は、この労基法第27条に違反することになります。

2 労基法27条の要請する保障給について

労基法第27条の趣旨が上記のようなものであることから、同規定の要請する保障給は、通常の実収賃金とあまり隔たらない程度の収入を保障する

ようにその額を定むべきもの、とされています（昭22・9・13　発基第17号、昭63・3・14　基発第150号）。

その基準となる明確な規定について労基法第27条に定められているわけではありません。

ただ、最低賃金法によれば、一定の地域ごとに最低賃金が定められ、その額については支払が保障されているわけですから、最低賃金額×労働時間分については最低でも支払わなければなりません。

また、最低賃金法はあくまで賃金の「最低」ラインの目安であり、その基準を満たしていれば必ずしもいいというわけではありません。具体的には、一般の労働者の平均賃金の6割程度を支払うことが目安となっていると思われます。厚生労働省労働基準局編、労働基準法解釈総覧の労基法第27条の項目においても、「概ね六割」という基準を示していることが参考になります。

なお、労基法第27条は、あくまで労働者の責めに基づかない事由によって仕事が少なくなった場合の保障ですので、労働者が労働をしない場合には同法の保障を受けるものではなく、保障給を支払う義務はありません。

QA（弁護士・草開文緒）

◆ 参考文献 ◆
「労働法」（菅野和夫　弘文堂）
「労働基準法解釈総覧」（厚生労働省労働基準局編　労働調査会）

Q44 能力不足等による本給の引下げは1割までしか認められないのですか

一部の者について、業務遂行能力が劣ることから本給の引下げを検討しています。このような場合、1割を超えて引下げることはできないという話を聞きましたが本当ですか。

A 減給制裁の場合以外規制はないが合理性の範囲内で

ポイント 減給制裁の場合以外に1割以内とする制限はありませんが、就業規則などの定めが必要であり、合理性の範囲で行うことが必要です。

1 業務内容をそのままとし、業務軽減措置を行うことによる減額の可否

賃金の定めは、重要な労働条件であり、その引下げは契約内容の変更を意味します。現在支払っている給与の額は労働者の既得権であり、使用者が一方的に減額することは許されず、労働者の同意が必要となるのが原則です。

もっとも、賃金減額に合理性があれば認められることとなります。例えば、生活給や職能給のように、必ずしも賃金の額と提供する労務の内容が対応していないものについては業務軽減措置を講じて給与の減額をすることはできません。しかし、職務給、歩合給、成果給、年俸については、就業規則等に能力不足による業績低下による賃金減額規定が存在し、その要件を充たす場合には業績に応じた減額が可能です。

2 降格による減額の可否

降格が、職位の引下げに当たる場合（役職を引き下げたり外したりする）、人事権の濫用に当たらない限り職位を外して役職手当分の減額をすることができます。また、職能資格制度における資格の引下げとして行う場合、就業規則において降格、降級およびそれに伴う基本給の引下げを明

示しておけば、給与の引下げが認められることがあります。さらに、職務等級制度を採っている場合には、割り当てられた職務や役割に応じて、人事権の濫用に当たらない限り減額が可能です。

3 その他
ア）能力不足の社員が遅刻や無断欠勤をした場合には、ノーワーク・ノーペイの原則に基づき、遅刻・欠勤分の控除をすることができます。もっとも、現在の就業規則等に賃金控除規定がない場合に新たに賃金控除規定を設けることは、就業規則の不利益変更に当たる可能性があります。
イ）また、懲戒処分の一つとしての減給の制裁として行うことも考えられます。減給処分については、労基法第91条により、1回の額が平均賃金の1日分の半額まで、総額が一賃金支払期における賃金の総額の10分の1という制限があることに注意が必要です。

4 減額の限度について
　上記のように、賃金の総額の10分の1という制限があるのは、懲戒による減給の場合です。ただ、他の場合に際限なく減給してよいというわけではなく、合理的な就業規則の規定に従うこと、あるいは人事権の範囲内であって濫用と認められないことなどの制限を受けることになるでしょう。

QA （弁護士・草開文緒）

◆ 参考文献 ◆
「精神疾患をめぐる労務管理」外井浩志編著　新日本法規

ひとくちメモ

●**労働条件の不利益変更**
　労働契約法第9条では、「使用者は労働者と合意することなく、就業規則を変更することにより、労働者の不利益に労働契約の内容である労働条件を変更することはできない。」と定められています。ただし、「次条の場合は、この限りでない。」として第10条では、「変更後の就業規則を労働者に周知させ、かつ…不利益の程度、労働条件の変更の必要性、変更後の就業規則の相当性、労働組合等との交渉の状況その他…合理的なものであるときは…労働条件は当該変更後の就業規則に定めるところによる…」とされています。

Q45 賃金が低下する賃金制度の改定はできますか

就業規則を変更し、賃金が低下する者が一部生じる賃金制度の改定をすることはできますか。

A 労働条件の不利益変更であり厳格な合理性が求められる

ポイント 賃金が低下する者が一部生じる賃金制度の改定を、就業規則の変更により行うことは、その変更が合理的であれば可能ですが、賃金など労働者にとって重要な労働条件に関する不利益変更については、その合理性の判断は厳格になされることとなります。

1 合理的なものであれば可能

賃金など労働条件の変更の方法には、労働協約によるものや個別の同意を取得して行うもののほか就業規則の変更により行うことも可能ですが、就業規則による労働条件の変更は使用者により一方的に行われるため、その有効性が問題となります。

この点、労契法第10条本文は「……就業規則の変更が、労働者の受ける不利益の程度、労働条件の変更の必要性、変更後の就業規則の内容の相当性、労働組合等との交渉の状況その他の就業規則の変更に係る事情に照らして合理的なものであるときは、労働契約の内容である労働条件は、当該変更後の就業規則に定めるところによるものとする。」とし、不利益変更であっても、当該変更が「合理的なものであるとき」は、これに合意しない労働者に対しても有効に適用されると定めています。これは、就業規則の不利益変更に関する判例法理（秋北バス事件　昭43・12・25　最大判民集22巻13号3459頁、第四銀行事件　平9・2・28　最二判　民集51巻2号705頁等）を立法化した規定です。また、前記判例においては、賃金、退職金など労働者にとって重要な権利や労働条件に関し実質的な不利益を及

ぼす就業規則の変更については、当該条項が、「そのような不利益を労働者に法的に受忍させることを許容することができるだけの高度の必要性に基づいた合理的な内容のものである」ことを要するとして、変更の合理性の判断を厳格に行うことが示されています。

2　高度の必要性に基づいたものである必要も

　そのため、ご質問のような就業規則の変更が有効かどうかは、当該変更が高度の必要性に基づいた合理的な内容であるかによることになります。ちなみに、55歳から60歳への定年延長に伴い55歳以降の労働条件の変更が不利益変更に当たるかが争点となった前記判例（第四銀行事件）では、不利益の程度について、定年制の下での55歳以降の賃金および退職金の総額と従前の制度下でのそれらの額を比較するほか、55歳以降の年間賃金の減額の程度も加味して検討し、変更の必要性については、当時の定年延長に対する社会的状況のほか、銀行の経営効率および収益力も考慮して検討し、変更後の規則内容の相当性については、他行の賃金水準等や社会一般のそれとも比較して検討するなど、きめ細やかな検討を加えていることが参考になるでしょう。

（弁護士・本田敦子）

◆ 参考文献 ◆
安西愈「全訂労働基準法のポイント」(厚有出版)
菅野和夫「労働法　第十版」(弘文堂)
土田道夫「労働契約法」(有斐閣)
最高裁判所判例解説民事篇昭和43年（下）、昭和63年、平成9年（上）、平成12年（下）

Q46 ゼロ昇給や賃下げは違法ですか

当社の就業規則には、「年1回、定期昇給」との規定がありますが、昇給をしないこと、または賃下げすることは可能でしょうか。

A 昇給は具体的な定めなければ義務とはならない

ポイント 就業規則に「年1回、定期昇給」をする旨の規定があったとしても、具体的昇給基準がない場合には、当該規定を根拠として会社に定期昇給の実施義務があるとはいえないので、昇給をしないことは可能ですが、賃下げをすることは、労働者の同意がない限り、できないと考えます。

1 昇給は基準や手続きが定められていれば義務

まず、就業規則に「年1回、定期昇給」をする旨の規定がある場合、同規定により会社に定期昇給の実施義務があるかが問題となります。この点、給与規定において「昇給は年1度、3月21日定期とする」旨の定めがある事案において、裁判所は、前記定期昇給にかかる定めがあるとしても、具体的昇給基準の定めがないことから、前記定めを根拠に定期昇給の実施義務があると認めることはできないと判断しています（高見澤電機製作所事件　平17・3・30　東京高判　労判911号76頁）。すなわち、昇給請求権は、昇給の要件（欠格事由等）・基準（率、査定の幅・基準等）・手続（労使交渉、査定手続等）に従ってその有無および額が確定して初めて発生すると解されます。したがって、単に就業規則に「年1回、定期昇給」との規定があるに過ぎない場合には、昇給を実施しないことは可能と考えます。

2 賃下げは労働者の合意が必要

さて、賃下げ（注：賃金の引下げには、①個々の労使間の労働契約に基づくもの、②人事権行使としての降格に伴うもの、③就業規則等の変更に伴うもの、④懲戒処分としてのもの等があり得ますが、本稿では、ご質問

内容に鑑み、①の意味の賃下げとして論じることとします。）については、賃金が最も重要な労働条件であり、その引下げは契約内容の変更を意味しますから、使用者が一方的に行うことは許されず、労働者の同意が必要です（労契法第8条、第9条参照）。また、労使間の交渉力や情報格差、賃金引下げが労働者の生活に及ぼす影響を考えると、労働者の同意は、その自由意思に基づくものと客観的に認められなければならないと解され、裁判例でも、経営危機に陥った会社が、管理職全員に対し、20％の賃金引下げを通告した際、その理由を十分に説明せず、意思確認も行わなかったが、明確な反対意見もなかった事案において、客観的に見て自由意思に基づく同意は認められないとして、賃金減額が無効と判断されました（更生会社三井埠頭事件　平12・12・27　東京高判　労判809号82頁、このほか賃金の一方的減額を無効とした裁判例として、チェース・マンハッタン銀行事件（平6・9・14　東京地判　労判656号17頁）等。）。したがって、賃下げは、労働者の同意がない限り、できないと考えます。

（弁護士・本田敦子）

◆ 参考文献 ◆
安西愈「全訂労働基準法のポイント」（厚有出版）
菅野和夫「労働法　第十版」（弘文堂）
土田道夫「労働契約法」（有斐閣）

Q47 定額残業代は違法ですか

時間外割増賃金を毎月の賃金に含めて定額払いとすることは違法ですか。

A 割増賃金部分とそれ以外の賃金が区別されることが必要

ポイント 質問のような支払方法（以下「定額給制」）を採用すること自体は適法ですが、その場合は、定額給のうち通常の賃金部分と割増賃金相当部分とを明確に区別することが必要です。

1 定額支給も違法ではない

割増賃金は労基法所定の計算方法に従って支払われるものですが、ご質問のような定額給制も、よく見られます（ほかに、割増賃金に代えて一定額の手当を支払う方法もあります。）。

労基法第37条は、同条所定の割増賃金の支払義務を規定するに留まり、同条所定の計算方法を用いることまで義務づけてはいないので定額給制を採用すること自体は適法です。

この点、労使間で、時間外・深夜割増賃金に相当する超勤深夜手当を固定給に含むとの合意がなされたかが問題となった事案で、最高裁（徳島南海タクシー事件　平11・12・14　最三決　労判775号14頁）は、時間外・深夜割増賃金を定額として支給する旨の合意は、「定額である点で労働基準法37条の趣旨にそぐわないことは否定できないものの、直ちに無効と解すべきものではなく、通常の賃金部分と時間外・深夜割増賃金部分が明確に区別でき、通常の賃金部分から計算した時間外・深夜割増賃金との過不足額が計算できるのであれば、その不足分を使用者は支払えば足りると解する余地がある。」とした高裁判決（平11・7・19　高松高判　労判775号15頁）を維持しており（同旨の判示をしたものとして、高知県観光事件（平6・6・13　最二判　労判653号12頁））、割増賃金を含む定額給のうち、通常

の賃金部分と割増賃金相当部分とを明確に区別することが、労基法所定の割増賃金が支払われているかを判定するために必要と解されています。

2　時間数や割増賃金額など明示が必要

したがって、定額給制を採る場合、定額給のうち通常の賃金部分と割増賃金相当部分とを明確に区別することが必要です。なお、基本給を月額で定めたうえで、月間総労働時間が一定の時間を超える場合に1時間当たり一定額を別途支払う旨の約定のある雇用契約において、使用者が各月の右一定の時間内の労働時間中の時間外労働についても、法所定の割増賃金の支払義務を負うとした事案（平24・3・8　最一判　集民240号121頁）において、櫻井裁判官が、補足意見として、毎月の給与の中にあらかじめ一定時間の残業手当が算入されているものとして給与を支払う場合は、その旨が雇用契約上明確にされると同時に、支給時に支給対象の時間外労働の時間数と残業手当の額、さらには当該一定時間を超えて残業が行われた場合は当然その所定の支給日に別途上乗せして残業手当を支給する旨もあらかじめ明示されていなければならないと述べていることは、注意が必要です。

（弁護士・本田敦子）

◆ 参考文献 ◆
安西愈「全訂労働基準法のポイント」（厚有出版）
菅野和夫「労働法　第十版」（弘文堂）
土田道夫「労働契約法」（有斐閣）
東京大学労働法研究会「注釈労働時間法」（有斐閣）

4 知らなかった！ 労働時間

Q48 携帯電話を持っていると事業場外みなし制は適用されないのですか

当社では、営業社員に事業場外みなし制を適用しています。社員を指揮監督下に置いてしまうと、事業場外みなし制が適用されなくなると聞いたのですが、携帯電話を持たせているだけでも適用できないのでしょうか。

A 携帯電話を所持しているだけで適用が否定されるわけではない

ポイント 携帯電話の所持に加え、携帯電話を用いて随時連絡・報告するよう義務づけている場合は、適用が否定される可能性があります。緊急連絡用であれば、みなし適用も可能と考えられます。

1 事業場外みなし制とは

事業場外みなし制とは、労働者が事業場の外で仕事をする場合（外回りの営業社員など）、実際に労働した時間数を把握、算定するのが困難なため、一定の時間により労働時間数をみなすという制度です。

事業場外みなし制を有効に適用するには、単に事業場外で労働しているというだけでなく、労基法第38条の２に定められるように「労働時間を算定し難い」という要件を満たす必要があります。

例えば、事業場外での仕事に上司が同行している場合は、その上司が社員の労働時間を把握すればよいので、「労働時間を算定し難い」とはいえず、同条の適用が否定されることになります。

2 携帯電話の所持について

社員に携帯電話を持たせていれば、それを使って上司と連絡をとり、指

示を仰いだりすることが可能になります。これにより、この社員は使用者の指揮監督下に置かれていると評価され、事業場外みなし制の適用が否定されるのではないか、というのが質問の趣旨と思われます。

　しかし、携帯電話を持っていても、例えば喫茶店から電話をしている可能性があるなど、その社員が労働に従事する状態にあるのかを把握できるとは限りません。この点において、いつでも社員の状況を現認できる事業場内とは異なります。行政通達でも、事業場外みなし制の適用が否定されるのは、通信端末によって随時使用者の指示を受けながら労働している場合とされており、単に携帯電話等の端末を所持しているだけで適用されなくなるとしているわけではありません。

3　実務上のポイント

　このように、単に携帯電話を持たせていたから労働時間の把握が可能というわけではなく、事前に連絡・報告を義務付けていたか、報告・指示の頻度はどの程度であったかなど指揮命令の実態面を見たうえでの評価となります。

　そのため、事業場外みなし制の運用に当たっては、携帯電話が緊急連絡用であることを明確にし、携帯電話で頻繁に業務指示を与えるのは避けることが重要です。

　また、在宅勤務と事業場外みなし制に関する通達において、通信機器を常時通信可能な状態に置くようにとの指示がなされていないことが必要とされている点からすれば、外回りの営業社員についても、携帯電話の電源を任意にオフにすることを認める取扱いをすべきといえます。

（弁護士・橘大樹）

◆ 参考文献 ◆
安西愈「労働時間・休日・休暇の法律実務〔全訂7版〕」（中央経済社）
石嵜信憲編著「労働時間規制の法律実務」（中央経済社）

Q49 勝手に残業・早出した場合でも労働時間になるのですか

上司の指示によらず、自分の意思で遅くまで残って仕事をしている社員がいます。このような居残り時間も、労働時間になりますか。始業前の自発的な出勤の場合と併せて教えてください。

A 終業後の残業は放置していると労働時間になる可能性がある

ポイント 真に自主的といえる業務活動は労働時間に当たりませんが、①義務づけがあるか、②余儀なくされていたか、という２つの観点から、労働時間になるかどうかを詳しく検討していく必要があります。

1 労働時間とは

労働基準法の労働時間とは、労働者が使用者の指揮命令下に置かれている時間をいいます。業務活動に従事しているだけでなく、それが使用者の指揮命令によるものと評価できる場合に、初めて「労働時間」となるのです。

そのため、使用者の指揮命令によらず、社員が自主的に早出、残業した場合は、基本的に労働時間にならないと考えられます。しかし、どのような場合に指揮命令があったと評価されるかは、もう少し詳しく見ていく必要があります。

すなわち、判例の基準によれば、①使用者から業務活動を義務づけられた場合、または②それを余儀なくされた場合には、使用者の指揮命令下に置かれていると評価され、労働時間に該当するとされています。

①は、業務活動を明示または黙示に指示した場合、②は、そういった指示はないけれども、業務活動を行わないと懲戒処分や人事考課上のマイナス評価といった不利益を被る場合を意味しています。以下、これらの基準により、質問事例を検討したいと思います。

2　義務づけがあったか（①）

　まず、早出については、その日にまだ1度も指揮命令下に置かれていない状態で、社員が自分の意思で出社して業務を行ったに過ぎないため、使用者の義務づけによると評価される可能性は低いと考えられます。

　これに対し、残業は、社員がいったん使用者の指揮命令下に置かれた後の時間が問題になります。そのため、社員が自分の意思で終業時刻後も業務を継続したとしても、それは使用者の指揮命令下の行動の「延長」ととらえられ、少なくとも黙示の命令があったとして労働時間に該当する可能性が高くなります。こうした場合は、使用者が逆に業務をやめて退社するよう命じなければならないと考えられます。

　このように、会社が明示の命令を行っていなくても、終業後については、残業を放置しているとそれが労働時間となり、割増賃金の支払い対象となる可能性があるので、注意が必要です。

3　余儀なくされていたか（②）

　また、先に述べたような、業務を余儀なくされたといえる事情（前記1）がある場合にも、労働時間となります。したがって、義務づけが認められないとしても、こうした事情がある場合には労働時間に該当し、割増賃金が生じる可能性が残るので、この観点からのチェックも併せて行うようにしてください。

（弁護士・橘大樹）

◆ 参考文献 ◆
菅野和夫「労働法・第9版」（弘文堂）
石嵜信憲編著「労働時間規制の法律実務」（中央経済社）

Q50 管理監督者にも、始業・終業時刻を定めることはできますか

「監督若しくは管理の地位にある者」は、労働時間について裁量があるといわれています。こうした管理職には、始業・終業時刻を定めることができないのでしょうか。

A 始業・終業時刻を定めることは可能で定めを置くべき

ポイント 労基法89条の適用除外とされていないこと、部下の監督を十分に遂行する必要があることから、就業規則上、労基法41条2号に該当する管理職にも、始業・終業時刻の定めを置くべきです。

1 労基法41条2号の適用除外

「監督若しくは管理の地位にある者」は、労基法第41条第2号により、労働時間、休憩、休日に関する規定が適用除外となります。例えば、1週40時間、1日8時間という法定労働時間の制限はなく、それを超える労働につき、三六協定の締結・届出、割増賃金の支払いは求められていません。

また、「監督若しくは管理の地位にある者」は、行政通達において、出社退社等につき厳格な制限を受けない者であるとされ、労働時間に関して一定の裁量を有していることが求められています。

こうした点から、労基法第41条第2号に該当する管理職には、一般の従業員とは異なり、始業・終業時刻の定めをすることができないのではないか、というのが質問の趣旨と思われます。

2 管理監督者と始業・終業時刻

しかし、労基法第89条によれば、同法41条第2号に該当する管理職についても、就業規則の作成届出義務は適用除外とはされていません。

同法第89条第1号は、始業・終業時刻等に関する事項を就業規則に記載

して届け出なければならないと定めているため、管理職に適用される就業規則にも、始業・終業時刻を定めておく必要があります。かえって、こうした定めを置かないと、同法第89条違反になるおそれが存在します。

また、実質的にも、部下を監督する者は、自分の部下が出勤している限り、自身も出社してその勤務を監督する必要があります。「監督若しくは管理の地位にある者」がこうした監督業務を担うことからすれば、出社退社につき厳格な制限を受けないとはいっても、自分で自由に出社退社の時刻を決められることまでを意味するわけではありません。こうした管理職については、自主的に労働時間管理を行う以上、業務命令、およびそれを前提とする注意・指導、懲戒という観念は出てきませんが、部下よりも先に退社した結果として部下の監督を十分に遂行できていないといった場合には、債務不履行、そして管理職としての適格性の問題として議論されることになります。

3　実務上のポイント

以上から、労基法第41条に該当する管理職についても、就業規則上、始業・終業時刻の定めを行うべきであると考えます。そして、こうした管理職は、自主的に労働時間管理を行うので、就業規則の規定上も、始業・終業時刻の管理を自主的に行う旨、定めておくことが考えられます。

(弁護士・橘大樹)

◆ 参考文献 ◆
石嵜信憲編著「管理職活用の法律実務」(中央経済社)
　　同上　　「労働時間規制の法律実務」(中央経済社)

Q51 当社は割増賃金率5割の適用猶予になりますか

当社は、資本金5,000万円超の外食チェーンで、従業員数は、各店舗では社員数人、パート数十人ですが、全体では100人超となっております。当社は、改正労働基準法（以下「改正法」）の月60時間を超える時間外労働に対する割増賃金率の引き上げ規定の適用が猶予される中小企業に該当しますか。また、適用猶予は、いつまでですか。

A 飲食業で資本金5,000万円超かつ50人超なら適用対象

ポイント 適用猶予のある中小企業に該当するかは、「資本金の額又は出資の総額（以下「資本金額等」）」と「常時使用する労働者の数（以下「労働者数」）」により、企業単位で判断されます。外食チェーンは小売業に該当し、資本金額等5,000万円以下または労働者数50人以下の場合に中小企業に該当するとされるので、ご質問の会社は、パートが常時雇用する労働者数に該当する場合は、中小企業には該当しないことになります。なお、適用の猶予については、施行（平成22年4月）後3年を経過した場合に検討を加え、必要な措置を講ずる＊とされています。

1 月60時間超は5割の割増賃金必要

平成22年4月1日に施行された改正法では、特に長い時間外労働を抑制するため、1ヵ月について60時間を超える時間外労働について、法定割増賃金率を5割以上の率に引き上げる旨規定されました（第37条第1項ただし書）。しかし、経営体力が必ずしも強くない中小企業においては、時間外労働抑制のための業務処理体制の見直し、新規雇入れ等の速やかな対応が困難であるのに対し、やむを得ず時間外労働を行わせた場合の経済的負担も大きいことから、改正法第138条において、同条に規定する中小事業

主(以下「中小企業」)の事業については、当分の間、第37条第1項ただし書の規定は、適用しないとされました。中小企業とは、資本金額等が3億円(小売業またはサービス業は5,000万円、卸売業は1億円)以下である場合および労働者数が300人(小売業は50人、卸売業またはサービス業は100人)以下の場合とされています。そして、その要件該当性は、事業場単位ではなく、企業単位で判断されるほか、業種分類は日本標準産業分類に従うとされています。

2 臨時でなければパートも算定対象

これによるとご質問の外食チェーンは、小売業(大分類M(宿泊業、飲食サービス業)のうち、中分類76(飲食店))に該当します。ご質問の会社は、資本金額5,000万円超、労働者数は、各店舗社員数人、パート数十人で総100名超ということですが、パートの人が臨時的に雇い入れられた場合でなければ、第138条にいう「常時使用する労働者」に算入されるので、中小企業の要件を満たさないこととなります。なお、改正法附則第3条第1項では、施行後3年を経過した場合に、中小企業に対する猶予措置について検討し、必要な措置を講ずるとされています。

(弁護士・本田敦子)

◆ 参考文献 ◆
厚生労働省HP「改正労働基準法のあらまし」

＊ 平成28年6月時点では未実施。

Q52 大震災等で会社に宿泊するときは労働時間ですか

災害時(大震災等)には会社に宿泊するという事態が考えられますが、宿泊の際の時間も労働時間に当たるのでしょうか。

A 使用者の指揮命令下にあれば労働時間

ポイント 労働時間とは、使用者の指揮命令下に置かれている時間をいうとされているので、災害時における従業員の行為がそれぞれ指揮命令下のものといえるかを、当該行為の業務性、義務性等も考慮のうえ判断することとなります。

1 労働時間は使用者の指揮命令下にある時間

労基法第32条の労働時間とは、判例によれば、労働者が使用者の指揮命令下に置かれている時間をいうとされています(労働者が業務の準備行為等を事業所内において行うことを使用者から義務づけられた場合等に当該行為に要した時間の労働時間該当性を肯定した事案として、三菱重工業事件(平12・3・9 最判 民集54.3.801)、実作業に従事していない仮眠時間であっても、労働契約上の役務の提供が義務づけられていると評価される場合は、なお使用者の指揮命令下に置かれているといえるとして、労働時間該当性を肯定した事案として、大星ビル管理事件(平14・2・28 最判 民集56.2.361))。

そして、労働者が使用者の指揮命令下に置かれていると評価できるかは、労働時間該当性が問題となる労働者の行為が、当該労働者が就業を命じられた業務の遂行に関連し、かつ業務の遂行に必要な行為であるかなどを勘案して判断されています。

ところで、東日本大震災を機に、内閣府で開かれた首都直下地震帰宅困難者等対策協議会などで、地震等の災害時には混乱を避けるため、社員を

会社に留めおくことが必要との見解が示され、かかる対応に加え帰宅困難者の受け入れ等を企業に求める各自治体の方針なども報道されました。

2　単に宿泊するだけなら労働時間でない

そこで、ご質問について、前記判例を踏まえ検討しますと、単に帰宅できず、会社に泊まったという場合は労働時間ではありませんが、例えば、会社で事前に災害時の対応（帰宅困難者の受け入れ、宿泊者の世話、警備等）について、担当部署やその具体的対応等を定めた場合は、少なくとも当該担当部署に所属する従業員が、事前に定められた対応に要した時間は、使用者の指揮命令下に置かれた時間であると評価されます（災害時の対応は、通常の業務とは性質が異なるともいえますが、このような対応も企業の社会的責任の一環としてなされるものであるとして、業務性を広くとらえるものと考えます）。

ただし、災害時、担当部署か否か、指揮命令の有無等にかかわらず、個々の従業員が自発的に対応を行ったという場合は、労働時間とはいえないと考えます。

（弁護士・本田敦子）

◆ 参考文献 ◆
最高裁判所判例解説（民事篇）（法曹会）　平成12年度・平成14年度・平成19年度
菅野和夫「労働法」第9版（弘文堂）
外井浩志「労働時間・休日・休暇の実務Q＆A120」（三協法規出版）

Q53 バス運転者は1日何時間まで運転させられるのですか

当社はツアーバスを運行していますが、運転手に1日何時間まで運転させることが可能ですか。

A 自動車運転者の改善基準では2日平均で9時間以内

ポイント バスの運転手等については、労働基準法のほか、「自動車運転者の労働時間等の改善のための基準」(平成元年労働省告示第7号、最終改正：平成12年労働省告示第120号。以下「告示」)が定められ、それによれば、1日の運転時間は、2日(始業時刻から起算して48時間、以下同じ。)平均で9時間が限度とされています。

1 拘束時間は4週で65時間

ご質問にあるバスの運転手のほか、トラック、タクシーの運転手については、告示により、拘束時間、休息期間、運転時間の限度等の基準が定められています。

告示によれば、拘束時間とは、始業時刻から終業時刻までの時間で、労働時間(時間外労働時間と休日労働時間を含む。)と休憩時間(仮眠時間を含む。)の合計時間をいうとされています。そして、バス運転者については、4週間を平均した1週間当たりの拘束は、原則として65時間が限度となっています。

ただし、貸し切りバスを運行する営業所において運転の業務に従事する者、貸し切りバスに乗務する者および高速バスの運転者について、書面による労使協定を締結した場合は、52週間のうち16週間までは、4週間を平均した1週間当たりの拘束時間を71.5時間まで延長することが可能です。1日(始業時刻から起算して24時間)の拘束時間は、13時間以内を基本とし、延長する場合も16時間が限度とされています。また、1日の休息期間

は継続8時間以上必要です。

2　運転時間は4週平均で1週40時間まで

　運転時間の限度は、1日につき、2日平均で9時間とされています。1日当たりの運転時間の計算に当たっては、特定の日を起算日として2日毎に区切り、その2日間の平均とすることが望ましいですが、この特定日の最大運転時間が改善基準告示に違反するか否かは、①特定日の前日と特定日の運転時間の平均と、②特定日と特定日の翌日の運転時間の平均が、ともに9時間を超えるか否かで判断します。

　そして、4週間を平均した1週間当たりの運転時間は原則として40時間が限度ですが、書面による労使協定を締結すると、52週間のうち16週間までは、52週間の運転時間が2,080時間を超えない範囲内において、4週間を平均した1週間当たりの運転時間を44時間まで延長することが可能です。連続運転時間は4時間が限度とされています。

　なお、2012年4月29日に発生した高速ツアーバスの事故を契機に、安全対策の強化が図られ、高速ツアーバス等の夜間運行において、一運行当たり、実車距離が400ないし500キロを超えた場合、または1人の運転者の乗務時間が9時間を超える場合は、交替運転者が必要とされました。

（弁護士・本田敦子）

◆ 参考文献 ◆
厚生労働省HP「バス運転者の労働時間等の改善基準のポイント」
国土交通省HP「高速ツアーバス等の過労運転防止のための検討会」資料
同上「『旅客自動車運送事業運輸規則の解釈及び運用について』の一部改正について（概要）」（平成25年6月　自動車局安全政策課）

Q54 訪問介護の移動時間は労働時間ですか

　訪問介護サービスも手がける医療法人です。訪問介護員について、登録ヘルパーを活用しています。登録ヘルパーは利用者宅への直行直帰が原則であり、介護サービス時間に応じた賃金を支給しています。先日、新たに登録したヘルパーから、移動時間に賃金が支払われるべきだと指摘されたのですが、移動時間も労働時間に含まれるのでしょうか。

A　利用者宅間を移動する時間は労働時間

ポイント　ヘルパーの自宅と利用者宅との直行・直帰は通勤であり、労働時間ではありません。しかし、1日に複数の利用者宅を訪問するとき、利用者宅間を通常移動する時間は労働時間であり、賃金を支給しなければなりません。このとき、訪問介護サービスに従事した場合の賃金額と異なる手当等でもよいのですが、最低賃金以上が必要です。

1　自宅から訪問先は労働時間でない

　次頁の図を参考に、まず、訪問介護サービスに必要な移動のための時間を整理してみましょう。直行直帰型のヘルパーでは大別して、①ヘルパー自宅から利用者宅への直行、②利用者宅からヘルパー自宅への直帰があり、③1日に複数を担当する場合は、これに利用者宅間の移動が加わります。このうち、①と②については、自宅と就業先との往復行為の通勤時間であり、賃金支払い義務が発生する労働時間にはあたりません。

　しかし、厚生労働省の平成16年の通達では、③の移動は、その時間が通常の移動に要する時間程度であれば、労働時間に該当するものと考えられると判断しています。同時に、この通達では、事業場・集合場所・利用者宅の相互間を移動する時間を「移動時間」と呼んでいます。この「移動時間」について、賃金が支払われるべきだというヘルパーの指摘は正しいこ

図　直行直帰、移動時の労働時間（厚生労働省のパンフレットから抜粋）

とになります。直行直帰の「利用者宅へ移動するための時間」を言っているのであれば、違法ではありませんので、移動に要する時間を区分したうえで対応します。

2　報告書作成も労働時間

　介護サービス以外の時間にはこのほか、④利用者宅へ移動後、介護サービスを開始するまでの空き時間、⑤昼食等の休憩時間、⑥利用者宅や事業場内での業務報告書作成や打合せの時間、⑦事業場や集合場所での待機の時間—などがあります。④と⑤は労働時間ではなく、⑥と⑦は労働時間ですので、ご注意ください。

（編集部）

Q55 支社では企画業務型裁量労働制は導入できないのですか

当社では、企画業務型裁量労働制の導入を考えていますが、本社だけでなく支社でも導入を考えています。支社でも導入は可能でしょうか。

A 事業運営に影響及ぼす決定行う支社なら可能

ポイント 企画業務型裁量労働制が適用されるのは本社・本店である事業場ですが、それ以外でも事業計画や営業計画の決定を行っている地域本社や支社なども対象となります。

1 企画業務型裁量労働制の意義、導入について

近年、事業活動の中枢にある労働者の時間管理の在り方を見直し、主体的に働くことを可能とする仕組みとして、「企画業務型裁量労働制」が定められました（労働基準法第38条の４、参考となる指針として平成15年厚生労働省告示第353号）。

対象業務が存在する事業場において、①設置された労使委員会において、②法定の必要的決議事項を決議し、③労働基準監督署長に決議を届け出て、④対象労働者の個別の同意を得ることが制度実施の要件です。

2 対象となる業務

対象となる業務は、以下の４要件をいずれも満たすものです。

①「対象事業場の属する企業等に係る事業の運営に影響を及ぼす事項」または「当該事業場に係る事業の運営に影響を及ぼす独自の事業計画や営業計画」についての業務であること、②企画、立案、調査および分析という相互に関連し合う作業を組み合わせて行う業務であること、③当該業務の客観的な性質上、これを適切に遂行するには、その遂行の方法を大幅に

労働者の裁量にゆだねる必要があること、④当該業務の遂行の手段および時間配分の決定等に関し使用者が具体的な指示をしないこととすること。

3　対象となる事業場

対象事業場は、「2　対象となる業務」に照らして、「対象業務が存在する事業場」となります。具体的には以下の通りです。①本社・本店である事業場。②①のほか、次のア、イのいずれかに掲げる事業場。ア、当該事業場の属する企業等に係る事業の運営に大きな影響を及ぼす決定が行われる事業場。イ、本社・本店である事業場の具体的な指示を受けることなく独自に、当該事業場に係る事業の運営に大きな影響を及ぼす事業計画や営業計画の決定を行っている支社・支店等である事業場。

4　具体例

地域本社や地域を統括する支社・支店において、その属する企業が事業活動の対象としている主要な地域における生産・販売等についての事業計画や営業計画を立てることは対象業務です。また、支社・支店において、本社・本店の具体的な指示を受けることなく独自に、複数の支社・支店やあるいはその支社・支店のみが事業活動の対象とする地域における生産・販売についての事業計画や営業計画の決定を行うことも対象業務といえ、これらにつき支店でも企画業務型裁量労働制を適用できます。

（弁護士・草開文緒）

ひとくちメモ

●企画業務型裁量労働制

労働基準法第38条の4に基づいて、労使委員会を設置して、その労使委員会が5分の4以上の賛成によって決定した場合に、その決定した時間で労働時間をみなすという制度です。主に、本社部門の企画、立案、調査、分析を行う業務で、業務の性質上これを適切に遂行するにはその方法を大幅に労働者の裁量にゆだねる必要があるため、手段および時間配分などに対して使用者が具体的な指示をしないことが必要とされます。

Q56 派遣元への出勤は労働時間ですか

派遣元に出勤する場合や派遣元で健康診断を受ける場合は労働時間に当たるのでしょうか。

A 派遣元からの指示で業務なら労働時間

ポイント 派遣社員の場合、派遣先の指揮命令下で派遣業務に従事する時間だけではなく、派遣元の指揮命令下で派遣業務以外の業務に従事する時間も労働時間に当たります。

1 労働時間該当性と労働時間管理者

派遣社員の労働時間については、まず、それが労働時間に当たるのか、次に、誰が労働時間を管理すべきなのかという観点から考えることができます。

まず、労働時間とは、労働者が使用者の指揮命令下にある場合をいいます。

そして、派遣社員の場合は、派遣元との雇用契約を維持しながら派遣先の業務に従事していることから、派遣先の指揮命令下において派遣業務に従事している時間だけではなく、派遣元の指揮命令下で派遣業務以外の業務に従事している場合も労働時間に当たります。

次に、派遣社員が派遣業務に従事している時間については派遣先が管理して、始業した時刻、終業した時刻、休憩時間を派遣先管理台帳に記載しなければならないとされています（派遣法第42条第1項第3号）。

他方、派遣社員が派遣業務以外の業務に従事している時間は派遣元が管理します。

2 派遣元への出勤

まず、派遣社員が派遣元の指示により派遣元に出勤する場合は労働時間

に当たります。例えば、派遣先の休日に派遣元において参加の義務付けられた研修に参加するような場合が考えられます。この場合の労働時間は派遣元が管理し、賃金規程に基づいて休日手当を含めて支払うことになります。

これに対し、派遣社員が雇用契約を更新するために派遣元を訪れるような場合は、派遣元が派遣社員に対して指揮命令して業務として契約更新手続を行わせているわけではないため、労働時間に当たりません。

3 派遣元での定期健康診断

派遣元は、派遣社員に対して定期健康診断を実施する義務があります（安衛法第66条第1項）。

もっとも、定期健康診断の受診時間は労働時間に当たらないため、派遣元は受診時間に対する賃金を支払う義務はありません（昭47・9・18　基発第602号）。

ただし、派遣元の労使協定や賃金規程において、定期健康診断の受診時間に対して賃金を支払うと定められていた場合は、賃金を支払う必要が生じます。

4 派遣先での特殊健康診断

特殊健康診断は業務に関連して行われるため労働時間に当たるとされています（昭47・9・18　基発第602号）。そして、派遣社員の特殊健康診断については派遣先に実施義務があるとされています（派遣法第45条第3項）から、派遣先が受診時間を管理し、それを受けて派遣元が受診時間に対して賃金を支払う必要があります。

（弁護士・藤原宇基）

Q57 昼休みの電話当番も労働時間ですか

当社の秘書室では、昼休みにも電話応答が必要なため、交替で電話当番をさせています。昼休みの電話当番は労働時間になるのでしょうか。

A 労働からの解放保障されておらず労働時間に当たる

ポイント 昼休みの電話当番は、労働から解放されていない手待時間に当たり、労働時間に該当することになります。

1 休憩時間自由利用の原則

休憩時間とは、労働者が休息のため、労働からの解放を保障される時間をいいます。労基法が休憩時間自由利用の原則を明文化しているのはこの趣旨です（同法第34条第3項）。

自由に利用できない時間は労働からの解放が保障されているとはいえず、そのような時間は休憩時間ではなく労働時間であると考えるべきことになります。

2 電話当番している時間

昼休みに電話当番をするということは、労働者が外出できず場所的な拘束を受けていることを意味します。また、いざ電話がかかってきた場合は当然これに対応しなければならないのですから、電話を受けるまでの待機時間は「手待時間」ということになります。

そうすると、電話当番をしている時間は労働からの解放が保障されているとは言い難く、労働時間に該当することになります。

この判断は、職種により左右されませんが、秘書室勤務であれば、電話応答が本来的業務の一つであるといえますので、より労働時間該当性は強まるでしょう。

行政解釈も、休憩時間に来客当番として待機させている時間は労働時間に当たるとしています（平11・3・31　基発第168号）。

3　発生し得る問題点

休憩時間が労働時間であるということになると、その労働者に別途休憩時間を与えなければならないという問題（およびそれに伴う、休憩時間一斉付与の原則との抵触問題）、時間外勤務手当支給問題など、使用者にとり厄介な問題が複数生じる可能性があります。

使用者としては、できればこのような事態は避け、円滑な労務管理を達成したいところです。

4　注目すべき裁判例および行政解釈

裁判例の中には、昼の休憩時間の外出につき許可制が敷かれていたとの事実認定をしたうえで「従業員が顧客の来訪や電話に対応することがあったとしても、それだけで労働から解放されて自由に利用できる時間が60分間は保障されてなかったとは言い難い。」として、休憩時間の労働時間性を認めなかったものがあり、注目に値します（平13・6・28　大阪高判）。

また、行政解釈も、外出の許可制も事業場内で自由に休憩し得るかぎり違法でないとしています（昭23・10・30　基発第1575号）。

電話当番制に替えて外出許可制を巧く活用し、労働者の自由を確保しつつ顧客対応に不都合を来さないようなスキーム構築の可能性を感じるところです。

（弁護士・浦辺英明）

Q58 自己申告制による時間外労働時間の把握は問題ないですか

時間外労働時間を労働者の自己申告により把握するという方法は、不適当でしょうか。

A 十分な説明や実態調査、上限設定を行わないことが必要

ポイント 自己申告制は、運用如何によって労働時間の把握があいまいとなり、その結果割増賃金の未払い等の問題が生じ得るので、原則としては、使用者が現認するなどして把握すべきですが、自己申告による場合は、労働者が適正な申告を行うよう十分な説明をするほか、自己申告が適正になされているか、適宜実態調査を実施することなどが必要です。

1 原則は使用者が始業終業の時刻など確認を

労基法は、使用者による時間外労働時間の把握義務や具体的な把握方法について、特に規定を設けていません。しかし、使用者は「労働者に、休憩時間を除き1週間に40時間を超えて、労働させてはならない。」（第32条）とされるほか、法定労働時間を超えた労働に対して割増賃金を支払うことが義務づけられている（第37条）ため、使用者が、労働時間を把握していないと、これらの義務を履行することはできないといえます。

この点、厚生労働省は、「労働時間の適正な把握のために使用者が講ずべき措置に関する基準について」（平13・4・6　基発第339号、以下「労働時間適正把握基準」。）において、労基法上、使用者には、労働時間の管理を適切に行う責務があることを明らかにするとともに、「一部の事業場において、自己申告制の不適正な運用により、労働時間の把握が曖昧となり、その結果、割増賃金の未払いや過重な長時間労働の問題も生じている」と指摘し、労働時間の適正な把握のために使用者が講ずべき措置として、以下の点を定めています。

2　必要に応じて実態調査の実施を

　すなわち、使用者が始業・終業時刻を確認し、記録する方法としては、使用者自らの現認、タイムカード、ＩＣカード等の客観的な記録を基礎とした確認が原則であるとされています。

　そして、これらの方法によることなく、労働者の自己申告制により始業・終業時刻を確認、記録するとした場合は、①労働者に対し、労働時間の実態を正しく記録し、適正に自己申告を行うなどについて十分な説明をすること、②自己申告により把握した労働時間が実際の労働時間と合致しているか否かについて、必要に応じて実態調査を実施すること、③労働者の適正申告を阻害する目的で時間外労働時間数の上限を設定するなどの措置を講じないことが必要だとしています。

　したがって、自己申告制は不可、というわけではありませんが、原則としては、使用者による現認や客観的な記録を基礎とした確認により時間外労働時間を把握すべきであり、自己申告制による場合は、労働時間適正把握基準で要求された措置を講じる必要があります。

（弁護士・本田敦子）

◆ 参考文献 ◆
安西　愈「トップ・ミドルのための採用から退職までの法律知識」（中央経済社）
安西　愈「全改訂　労働基準法のポイント」（厚有出版）
菅野和夫「労働法　第9版」（弘文堂）
厚生労働省労働基準局編「労働基準法　上」（労務行政）
厚生労働省労働基準局編「労働基準法　解釈総覧」（労働調査会）

Q59 事業場外みなしで終業後に事業場内勤務があったときの労働時間の算定は

外回り営業社員にいわゆる事業場外みなし労働時間を適用している場合に、終業時刻後に事業場内勤務があったときの労働時間の算定は、どのようにすべきですか。

A 所定労働時間を超える場合は別途把握する必要あり

ポイント 労基法38条の2第1項本文により「所定労働時間」とみなす場合は、事業場内勤務が事業場外労働に付随して一体的に行われた場合は、一括して所定労働時間のみなしと解されますが、別個の業務と解される場合は、その時間は別途把握して、時間外労働として算定します。同項ただし書の「通常必要な時間」とみなす場合は、事業場外と事業場内の時間を合算して算定します。

1 原則は所定労働時間でみなす

外回りの営業社員等については、事業場外で業務に従事し、かつ使用者の具体的な指揮監督が及ばないため、実労働時間を算定することが困難といえます。このような場合に労働時間算定の便宜を図るため、労基法第38条の2第1項本文で、「労働者が労働時間の全部又は一部について事業場外で業務に従事した場合において、労働時間を算定し難いときは、所定労働時間労働したものとみなす。」と規定し、就業規則に定めた、当該労働日の休息時間を除き、始業から終業までの時間労働したものとみなして労働時間を算定するとしました。

ただし、実際には当該業務を遂行するために所定労働時間を超えて労働することが必要なこともあるので、このような場合については、同項ただし書で、「当該業務の遂行に通常必要とされる時間労働したものとみなす。」と規定しています。そして、同項ただし書の場合に、業務の実態を

よく知る労使間で協定を結んだ時には、当該協定で定める時間を「当該業務の遂行に通常必要とされる時間とする」と規定しています（同条第2項）。

2　所定超える場合は「通常必要とされる時間」

さて、事業場外労働をした当日に事業場内労働時間が存在する場合の取扱いですが、①事業場内労働が所定労働時間の一部である場合は、㋑原則（第38条の2第1項本文）として、事業場内での労働時間も含めて、その日は所定労働時間労働したものとみなされ、㋺当該業務に通常所定労働時間を超えて労働することが必要な場合（同項ただし書）は、事業場内労働時間を別途把握して、事業場外における「当該業務の遂行に通常必要とされる時間」と合算することになります（昭63・1・1　基発第1号）。

他方、ご質問のように、②1日の所定労働時間帯の事業場外労働の後に事業場内労働がある場合は、前記㋺の場合は①と同じですが、前記㋑の場合は、ａ．事業場内労働が事業場外労働に付随してそれと一体的になされたと解される場合は、①と同様、全体として所定労働時間労働したものとみなされ、ｂ．それが事業場外労働と別個と解される場合は、事業場内労働時間を別途把握して時間外労働として算定することになります。

（弁護士・本田敦子）

◆ 参考文献 ◆
安西　愈「トップ・ミドルのための採用から退職までの法律知識」（中央経済社）
安西　愈「全改訂　労働基準法のポイント」（厚有出版）
菅野和夫「労働法　第9版」（弘文堂）
厚生労働省労働基準局編「労働基準法　上」（労務行政）
厚生労働省労働基準局編「労働基準法　解釈総覧」（労働調査会）

Q60 少人数の直営店舗展開では店舗ごとに時間外労働協定が必要ですか

少人数の直営店舗を複数展開していますが、時間外労働協定は店舗ごとに必要でしょうか。

A 原則は店舗ごとだが単一の労働組合あれば一括も

ポイント 時間外（三六）協定は、原則として店舗ごとに締結することが必要ですが、直営店舗の規模が小さく、一の事業という程度の独立性がない場合は、直近上位の機構と一括して協定を締結できます。また、全社的に単一組織の労働組合があり、各店舗の労働者の過半数が加入している場合には、一括して三六協定を締結することも可能です。

1 事業場ごとに届出も必要に

　三六協定（労基法第36条第1項）の締結単位は、原則として労基法の適用事業場であり、複数の事業場（例：本社、支社等）を擁する企業でも、協定は事業場ごとに締結する必要があります（昭22・9・13　発基第17号、平11・3・31基発第168号ほか）。

　そして、一つの適用事業場かは、主として場所的に同一かにより決定されますが、場所的には分散していても、「出張所、支所等で、規模が著しく小さく、組織的関連ないし事務能力を勘案して一の事業という程度の独立性のない」場合は、「直近上位の機構と一括して一の事業として取り扱う」こととされているので（前掲通達）、ご質問の直営店舗が著しく小規模で独立性がない場合は、直近上位の機構と一括して協定を締結できます。

　また、全社的に単一組織の労働組合があり、かつこれらの会社に対応する労働組合に、各事業場の労働者の過半数が加入している場合には、その単一組織たる労働組合代表者と各事業場の長を代表する会社の代表者また

はその権限を授権された者等との上部機関の間で、各適用事業場について、三六協定を一括して締結しても差し支えないとされています（昭36・9・7　基収第1392号ほか）。なお、ここにいう「一括して締結する」というのは、三六協定自体はあくまでも各事業場について締結するのですが、各事業場の協定を上部機関でまとめて締結することを意味します。

2　一括は必ず労働組合が必要に

　そして、三六協定の届出については、各事業場単位で締結し、各管轄の労働基準監督署長に届け出ることとされていますが、前記のとおり一括締結された協定のうち、「その内容が本社と全部又は一部の本社以外の事業場について同一であるものについては、本社所轄の労働基準監督署を経由して全部又は一部の本社以外の各事業場の所轄署長に届け出ることをも認める」ものとされ、「本社の所轄署長に対する届出の際には、本社を含む事業場数に対応した部数の協定を提出すること」（平15・2・15　基発第0215002号）とされ、本社で一括して本社所在地の労基署長に届け出ることが認められています。そのため、直営店舗が前記直近上位の機構と一括して取り扱われない場合でも、前記通達の要件に該当する場合は、本社で一括して締結することができます。

Q&A

（弁護士・本田敦子）

◆参考文献◆
安西　愈「トップ・ミドルのための採用から退職までの法律知識」（中央経済社）
安西　愈「全改訂　労働基準法のポイント」（厚有出版）
菅野和夫「労働法　第9版」（弘文堂）
厚生労働省労働基準局編「労働基準法　上」（労務行政）
厚生労働省労働基準局編「労働基準法　解釈総覧」（労働調査会）

ひとくちメモ

●三六協定
　時間外労働、休日労働に関する労使の協定で、過半数労働組合か、その事業場の労働者の過半数の代表者と書面による協定を締結し、その内容を行政官庁に届け出た場合には、その協定の範囲で時間外労働、休日労働をさせても、労働基準法の罰則の適用を受けないこととされています。労働基準法第36条にちなんで「三六協定」と呼ばれています。

Q61 1年変形の途中適用者の賃金清算はどうするのですか

当社は毎年、夏季と年末に業務が集中し、この時期の時間外割増賃金が急増します。そこで、時間外労働の削減をめざして、1月1日を起算日とする1年単位の変形労働時間制を導入することを検討しています。当社は中途採用を実施していて、自己都合退職者もいることから、新制度導入後も、年途中の入社・退社があることが予想されますが、この場合の割増賃金の清算はどうすればよいのですか。

A 1週平均40時間超えれば割増賃金が必要

ポイント 1年単位の変形労働時間制は、対象期間の途中で入社・退社する者にも適用することができますが、全期間を通じて労働させた者と労働時間の取扱いは異なります。実際に労働させた期間を平均し、1週間当たり40時間を超えて労働させた場合には、その超えた時間について、割増賃金の支払いが必要になります。

1 中途入退社者の割増賃金

1年単位の変形労働時間制の職場に、対象期間の途中から入社した者、または変形制が適用されている職場で退職した者は、入退社の時期によっては繁忙期に偏って働く可能性もあるでしょう。そうすると、週40時間を超えているケースが集中することも考えられます。

この場合は、退職時または対象期間の終了時に、労働時間の確認が必要になります。労働させた期間を平均して1週当たり40時間を超えた労働時間数となる場合があります。このような場合には法第37条規定の例により、割増賃金を支払うことが義務づけられています。貴社で、起算日を1月1日とする1年変形制を導入したときは、対象期間の終了は12月31日で

あり、その年の途中で入社した者は賃金清算が必要になる場合があります。

2　具体的な清算方法

具体的には、①実労働時間から、②すでに割増賃金を支給した時間、③および「1週当たり40時間」に相当する時間を差し引いて算出します。③は、以下の式によって計算されます。

$$40 \times \frac{変形期間の暦日数}{7}$$

つまり、実労働時間から、すでに時間外労働として割増賃金を支給した時間をみたうえで、この計算式で求めた時間を引いた時間に対する割増賃金が必要になるということです。

例えば、1年単位の変形労働時間制の途中退職者が、
① 実労働時間が680時間
② すでに時間外労働として割増賃金を支給した時間が70時間
③ 実労働日数の暦日が105日
であった場合を考えてみます。

$$①-②-③ = 680 - 70 - 「40 \times 105 \div 7」= 10$$

すなわち、すでに支給した分と別に、10時間分について割増賃金の支払い義務があることになります。

(編集部)

ひとくちメモ

●1年変形
1年間を平均して1週間40時間以内になるように定めた場合には、特定の週、特定の日の法定労働時間を超えて労働させることができる労働時間制度です。必ず労使協定が必要ですし、原則として対象期間の各日、各週の労働時間を特定しなければなりません。ただし、1ヵ月以上の期間を区切った場合には、各月の30日前までに特定することが認められています。

Q62 限度時間を超える時間分の時間外協定はできないのですか

限度基準の定める時間数を超えて時間外労働をさせるにはどうすればよいのですか。そもそも限度時間を超える時間外労働協定はできないのでしょうか。

A 限度時間を超える協定も法的に可能だが実務対応に留意を

ポイント ①特別条項を定める、あるいは②三六協定に限度時間を超える時間数を定める方法があります。②をとる場合は、協定届出に当たっての実務対応に留意してください。

1 三六協定の特別条項

時間外（三六）協定には、時間外労働をさせられる時間（延長時間）を定める必要があります（労基則第16条）。この延長時間は、後掲の表の区分に応じた限度時間を超えないように定めなければならないとされています（労働省告示）。

限度時間を超えて時間外労働を行わせる方法の一つは、三六協定の中に以下のような特別条項を定めるという方法です。

「会社は、臨時の大量受注により納期が逼迫したときは、従業員の過半数代表者に通知し、年6回を限度として、延長時間を1ヵ月80時間、1年700時間まで延長することができる。なお、延長時間が1ヵ月45時間を超えた場合の割増賃金率は30％とする。」

特別条項には、限度時間を超える時間外労働の上限を定めます。この上限数についての制限はありませんが、労働者に対する健康配慮義務に留意して時間数の記載を行います。また、限度時間を超える場合の割増賃金率を25％超にすることは努力義務なので、上記では30％としていますが、法定と同率の25％とすることは可能です。

2 限度時間を超える協定

限度時間を超えて時間外労働をさせるもう一つの方法は、三六協定の延長時間欄に限度時間を超える時間数を記載することです（例えば1ヵ月60時間）。

限度時間を定める労働省告示には強行的効力がないと解されており（後掲菅野）、限度時間を超える協定が直ちに無効とされるわけではありません。

時間外労働の限度時間

期　間	限度時間
1週間	15時間
2週間	27時間
4週間	43時間
1ヵ月	45時間
2ヵ月	81時間
3ヵ月	120時間
1年間	360時間

また、三六協定の「届出」は、労基署長の「受理」を介することなく、必要事項を記入した届出が到達した時点で効力を生じるものです。

とはいえ、届出の強行は労基署との関係を考慮すると避けるべきであり、実際には担当の監督官を説得して受理してもらうのがベターです。具体的には、過半数労働組合の委員長に上申書を書いてもらう、過半数代表者を同行して監督官を説得する、ノー残業デーを設ける、健康診断を充実させる等のアピールを行うことで、協定が真に労使間の納得に基づいており、残業削減や従業員の健康に配慮していることを説明します。実際、これらの対応により1ヵ月60時間、年720時間程度まで受理される場合はあります。

（弁護士・橘大樹）

◆ 参考文献 ◆
菅野和夫「労働法　第9版」297頁（弘文堂）
石嵜信憲編著「労働時間規制の法律実務」（中央経済社）

Q63 道路貨物運送業での時間外協定のポイントは

道路貨物運送業の時間外協定（三六協定）は、通常の会社と異なる留意点はあるのでしょうか。

A 自動車運転者についての改善基準告示の範囲内で締結を

ポイント 時間外・休日労働につき三六協定の締結・届出が必要となるのは通常と同様ですが、自動車運転者の拘束時間の限度等を定めた告示の内容に注意しましょう。

1 限度基準の適用がない

道路貨物運送業であれば、従業員に自動車運転に従事する者がいるはずです。自動車運転者については、その業務実態の特性から、労働時間管理に関して異なる基準が定められています。

まず、自動車運転者は、Q62で取り上げた限度基準の適用が除外されています（限度基準第5条）。限度基準に強行的効力がないことはQ62で見たとおりですが、これに沿う場合でも、自動車運転者については、限度時間を超える延長時間数を三六協定に記載することができます（経理事務員や自動車整備士など、自動車運転者でない従業員には限度基準が適用されます）。

2 改善基準告示

また、自動車運転者については、「自動車運転者の労働時間等の改善のための基準」という労働省告示が定められています。タクシー、トラック、バスなど、業態に応じて異なる定めがなされていますが、道路貨物運送業に従事するトラック運転者については、概要、次のような基準が定められています。

①1ヵ月の拘束時間は原則293時間を限度（書面の労使協定を締結した場合は、年間6回まで、1年間の拘束時間が3,516時間を超えない範囲で320時間まで延長可能）、②1日の拘束時間は13時間を基本とし、16時間を限度とする（15時間超は1週間に2回が限度）、③1日の休息期間は継続8時間以上必要、④休日労働は2週間に1回が限度、⑤三六協定には2週間を一定期間とする延長時間も記載、⑥運転時間の限度も定められている。

改善基準告示は、限度基準と同じく強行的効力を持つものではありませんが、行政実務では最低の基準を示したものと取り扱われており、また、過労運転による危険を伴うことを考えれば、基本的にはこれに沿った運用を行うべきであると考えます。

3　協定のポイント

以上から、道路貨物運送業の三六協定は、自動車運転者につき上記の基準があることを踏まえ、次のポイントに留意して行うべきです。次頁のサンプルも参考にしてください。

①限度時間の適用はない（ただし自動車運転者の安全と健康に配慮した時間数を記載する）、②拘束時間の限度を超えて時間外・休日労働をさせることはできない（そのため1日の延長時間の限度は7時間となる）、③休日労働の限度日数は2週を通じ1回、④2週間を一定期間とする延長時間も記載する、⑤運転時間の限度を超えて運転業務を行う時間外・休日労働はさせられない。

（弁護士・橘大樹）

ひとくちメモ

●改善基準

「自動車運転者の労働時間等の改善のための基準」（平元・2・9　労働省告示第7号）のことをいいます。自動車運転の業務に主として従事する労働者の拘束時間（労働時間プラス休憩時間）の限度を示し、休息期間や連続運転時間の限度なども定めています。自動車運転の業務は時間外労働の限度基準（労働省告示第154号）は適用されませんが、時間外労働協定では、この拘束時間の範囲とすることが求められます。

Q63　道路貨物運送業での時間外協定のポイントは

時間外労働及び休日労働に関する労使協定書

A株式会社とA株式会社労働組合は、労働基準法第36条第1項に基づき、法定労働時間を超える労働（以下「時間外労働」という）及び法定休日の労働（以下「休日労働」という）に関し、以下のとおり協定する。

第1条　会社は、第2条に定める事由がある場合、就業規則第○条の規定に基づき、従業員に対し、時間外労働、休日労働を命ずることができる。

第2条　時間外労働及び休日労働をさせる具体的事由、業務の種類、従業員数は次のとおりとする。

具体的事由	業務の種類	従業員数
需要の季節的な増大及び突発的な発注の変更に対処するため、一時的な道路事情の変化等によって到着時刻に遅延が生じるため、当面の人員不足に対処するため、その他これらに準ずる理由のある場合	自動車運転者	20人
毎月の精算事務のため、その他これらに準ずる理由のある場合	経理事務員	3名

第3条　時間外労働の限度時間及び休日労働の限度日数は、次のとおりとする。

業務の種類	延長することができる時間				休日労働の限度日数
	1日	2週間	1か月	1年	
自動車運転者	7時間	30時間	60時間	700時間	2週を通じ1回。始業・終業時刻は運行予定表で予め定める。
経理事務員	15時間	—	45時間	360時間	毎月2回。始業時刻午前8時、終業時刻午後5時。

2　自動車運転者については、前項の規定により時間外労働、休日労働を行わせることによって「自動車運転者の労働時間等の改善のための基準」（以下「改善基準告示」という）に定める1か月の拘束時間及び1日の最大拘束時間の限度を超えることとなる場合、当該拘束時間の限度をもって前項の時間外労働時間の限度とする。
3　第1項に基づき時間外労働、休日労働を行わせる場合においても、自動車運転者については、改善基準告示に定める運転時間の限度を超えて運転業務に従事させることはできない。

第4条　第3条の表における2週、1か月及び1年の起算日はいずれも平成28年4月1日とする。
2　本協定の有効期間は、平成28年4月1日から平成29年3月31日までとする。

平成28年3月10日
　　　　　　A株式会社　代表取締役　　　　　　　㊞

　　　　　　A株式会社労働組合　執行委員長　　　㊞

Q64 始業・終業時刻、休日の変更を柔軟にできるように、就業規則を改定したい

当社の就業規則には、始業時刻が午前9時、終業時刻が午後6時（休憩1時間）、休日は土曜と日曜とすると定めてあります。しかし、最近、お客様の都合により、始業・終業時刻や休日を変更する必要がでてきました。どのように就業規則を改定すればよいでしょうか。

A 変形労働時間制やフレックスタイムの制度など予め規定化を

ポイント 変形週休制、休日振替制度、変形労働時間制、フレックスタイム制の採用により、始業・終業時刻や休日をある程度柔軟に決定することができます。

---

1 就業規則の絶対的必要記載事項

始業・終業時刻や休日は、就業規則の絶対的必要記載事項です（労基法第89条第1号）が、下記の各労働時間制度を採用することにより、始業・終業時刻や休日をある程度柔軟に決めることができます。

2 変形休日制

使用者は労働者に対して、毎週少なくとも1回の休日を与えなければならないとされています（労基法第35条第1項）が、週休1日の代わりに、4週間を通じて4日間の休日を与えることもできます（同条第2項）。そして、労基法は、休日をあらかじめ特定することを要求していませんので、使用者は、4週間の中で自由に休日を定めることができます。

3 休日振替制度

就業規則に、休日振替規定を定めておくことによって、あらかじめ特定した労働日を休日とすることにより、休日であった日を労働日とすること

ができます。

ただし、休日振替に当たっては、上記の週休制の規定（1週1日または4週4日）に反してはいけません。また、あらかじめ振替休日を特定する必要があります。

4　変形労働時間制

1日の労働時間が8時間と決まっているわけではない場合は、変形労働時間制を採用することにより、始業・終業時刻や休日を柔軟に決定することができます。

変形労働時間制を採る場合でも、始業・終業時刻や休日をあらかじめ定めることは必要ですが、事前の特定が困難な場合は、就業規則に勤務パターンを記載しておいて、変形期間の開始前にシフト表により実際の始業・終業時刻や休日を通知するという運用が可能です。

5　フレックスタイム制

フレックスタイム制を採ることにより、使用者が始業・終業時刻を定めることなく、労働者に自ら始業・終業時刻を決定させることができます（労基法第32条の3）。

フレックスタイム制を採用するためには、始業・終業時刻を労働者の決定に委ねることを就業規則その他これに準ずるもので定め、かつ、過半数組合・過半数代表者との間で、①対象労働者の範囲、②1ヵ月以内の清算期間、③清算期間における総労働時間、④標準となる1日の労働時間の長さ、⑤コアタイム・フレキシブルタイムを定めるときはその開始・終了時刻について、労使協定を締結する必要があります。

（弁護士・藤原宇基）

ひとくちメモ　●変形休日制
　労働基準法施行規則第12条の2では「使用者は、法第35条第2項の規定により労働者に休日を与える場合には、就業規則その他これに準ずるものにおいて、4日以上の休日を与えることとする4週間の起算日を明らかにするものとする。」と定められています。

Q65 時間外労働協定の限度時間を超えて働かせたらどうなりますか

当社は、時間外労働について、1日8時間、1ヵ月45時間、1年360時間で協定しています。この時間を超えて時間外労働させた場合はどうなるのでしょうか。

A 労基法32条違反で6ヵ月以下の懲役または30万円以下の罰金

ポイント 協定で定める範囲で時間外労働をさせれば罰則は適用されませんが、それを超えて労働させれば原則に戻り、労基法32条違反として罰則が適用されます。

1 三六協定による延長時間の限度について

労基法は、使用者と労働者等との協定（三六協定）により労働時間の延長ができることを定め（労働基準法第36条第1項）、さらに労働時間の延長の限度について基準を定めることができるとしています（第2項）。

この、「基準」について定めたのが「労働基準法第36条第1項の協定で定める労働時間の延長の限度等に関する基準」（平成10年労働省告示第154号）です。

同告示は、通常の労働者の場合と、1年単位の変形労働時間制の場合についてそれぞれ限度時間を定めています（告示第3条、第4条）。

さらに、この限度基準については、2つの適用除外が定められています。一つは、「事業又は業務による適用除外」です（告示第5条）。もう一つは、特別な事情が生じたときに限り、特別協定で定めた時間まで延長することができる特別条項付協定（いわゆるエスケープ条項。告示第2条ただし書き）を定めた場合です。

2 限度時間を超えた場合の効果

（1）労働基準法第32条は、1週40時間、1日8時間を超えて労働させてはならないと定め、この規定に違反して労働させた場合には刑罰を科する（第119条）と規定します。このように、時間外労働については刑罰を科されることが労基法で規定されているのですが、時間外労働について適法とし、刑罰を受けないという効果を与えるのが三六協定です。

したがって、三六協定および限度基準に反する場合には原則に戻り、刑罰を受けることになります。つまり、6ヵ月以下の懲役または30万円以下の罰金を科されるおそれがあるということです。

（2）また、三六協定は、就業規則において三六協定の範囲内で労働させることができる旨の規定があれば労働義務が発生することを定めているのであって、時間外労働が発生した場合には、割増賃金を支払う義務があります。それは、限度時間を超えた場合であっても同じです。

（3）また、平成22年の労基法および告示の改正により、エスケープ条項を定める場合には、限度基準を超える時間について、2割5分を超える割増率とすることが努力義務として定められました。

（4）さらに、大企業の場合には、1ヵ月につき60時間を超える時間外労働については割増率を5割以上とするという法改正もされていますので注意が必要です（労基法第37条第1項ただし書）。

（弁護士・草開文緒）

Q66 月60時間超の時間外はどの時点からカウントするのですか

「1ヵ月について60時間を超えた場合」の1ヵ月とは、どの時点からカウントするのでしょうか。また、この場合の時間外労働時間は、どのように計算するのですか。

A 就業規則の賃金計算事項として起算日を記載する

ポイント 就業規則の賃金の決定、計算及び支払の方法として就業規則に記載しなければなりませんが、規定がないときは賃金計算期間の初日とされます。

1 就業規則の規定に従う

平成22年4月1日に施行された改正労働基準法第37条第1項ただし書は「当該延長して労働させた時間が1箇月について60時間を超えた場合においては、その超えた時間の労働については、通常の労働時間の賃金の計算額の5割以上の率で計算した割増賃金を支払わなければならない」旨規定しています。

行政解釈によれば、「1箇月」とは、暦による1ヵ月をいうものであり、その起算日を同法第89条第2号の「賃金の決定、計算及び支払の方法」として就業規則に記載する必要があります。そして、1ヵ月の起算日については、毎月1日、賃金計算期間の初日、時間外労働協定における一定期間の起算日等にすることが通達上に例示列挙されています（平21・5・29基発第0529001号）。

2 就業規則に規定が無い場合

一方、就業規則上に「1箇月」の起算日に関する規定が無い場合には、労使慣行等から別異に解されない限り、賃金計算期間の初日を起算日とす

るものとして取り扱われるべきというのが行政解釈です（同通達）。

3　注意すべきポイント

(1)　就業規則に規定を置くべきこと

労働基準法第89条は義務規定ですので、もし就業規則上に「1箇月」の起算日につき規定がない場合は、就業規則の変更を行い規定の不備を手当する必要があります。この点、就業規則上の規定が無い場合の解釈指針があるからといってそれで安心してよいということにはなりませんので、注意が必要です。

会社としては、上に挙げた通達の例示列挙を参考に、労働時間管理するのに適した起算日を選択し、就業規則上に明確に規定しなければなりません。

(2)　実際の運用に当たって

「その超えた時間の労働」として5割以上の率で計算した割増賃金の支払が義務づけられるのは、1ヵ月の起算日から時間外労働時間を累計して60時間に達した時点より後に行われた時間外労働についてです。そして、この時間外労働時間の計算は日次単位ではなく実際の時間単位で行いますので、ある日のある時点で60時間を超えた場合には、同一労働日の中であっても、超える前の時間と超えた後の時間とで異なる割増率が適用されるべきことになります。

（弁護士・浦辺英明）

ひとくちメモ

●中小事業主
　この5割の割増賃金に関する規定は、労働基準法第138条で「中小事業主（その資本の額又は出資の総額が3億円（小売業又はサービス業を主たる事業とする事業主については5000万円、卸売業を主たる事業とする事業主については1億円）以下である事業主及びその常時使用する労働者の数が300人（小売業を主たる事業とする事業主については50人、卸売業又はサービス業を主たる事業とする事業主については100人）以下である事業主をいう。）の事業については、当分の間、第37条第1項ただし書の規定は、適用しない」とされています。

Q67 事業場外みなしの労使協定の合意ができない場合どうなるのですか

事業場外みなしを9時間とする労使協定の合意ができない場合、どうなるのでしょうか。

A 労使協定適用できず使用者が時間を推定する

ポイント ご質問の場合は、労基法38条の2第2項に定める協定がないこととなるので、労働時間の算定に当たっては、使用者において、通常必要労働時間数を適正に推定することが必要となると考えます。

---

1 原則として所定労働時間でみなす

事業場外労働のみなし労働時間制の対象となるのは、事業場外で業務に従事し、かつ、使用者の具体的な指揮監督が及ばず、実労働時間を算定することが困難な業務をいいます（労基法第38条の2）。労働時間の算定は、実際に労働した時間数によるのが原則ですが、事業場外労働でその算定が困難な場合について、労働時間の計算を労働者の不利とならない仕方で容易にすべく、本条のみなし規定が設けられました。

すなわち、事業場外労働の労働時間の算定は、①原則として、所定労働時間労働したものとみなすこと（労基法第38条の2第1項本文）、②当該業務を遂行するためには通常所定時間を超えて労働することが必要となる場合には、当該業務の遂行に通常必要とされる時間労働したものとみなすこと（同条第1項ただし書）、とされており、ここにいう「みなす」とは、一定の法律関係につき、ある事物についての法的効果を生じさせ、当事者がこれと異なる事実を立証しても、その効果が変更されないことを意味します。

2 所定労働時間超える場合は必要な時間でみなす

　前記②の場合（同条第１項ただし書）、「通常必要とされる労働時間」の内容が「所定労働時間」（同条第１項本文）とは異なり客観的に明確ではないため、なお使用者には通常必要時間を適正に推定する義務が課されていると解されています（「通常必要労働時間」は、昭和63・1・1　基発第１号では「通常の状態でその業務を遂行するために客観的に必要とされる時間」とされ、具体的には当該業務に必要と推定される「経験的平均値」と解されます。）。

　そして、②の場合、当該業務に関する通常必要労働時間については、業務の実態をよく分かっている労使間で、実態を踏まえ協議して決めることが適当であるので、過半数加入労働組合または過半数労働者代表（以下、併せて「過半数加入労働組合等」）との間で労使協定により労働時間を定めた場合は、当該時間を当該業務の遂行に通常必要とされる時間とするとされました（同条第２項、昭和63・1・1基発第１号）。

　ご質問では、この「通常必要とされる労働時間」に関し、過半数加入労働組合等との間で、労使協定の合意ができないということですので、そうすると、同条第２項の労使協定で定めた時間によるみなしをすることはできないため、労働時間の算定に当たっては、使用者において、通常必要な労働時間数を適正に推定することが必要となると考えます。

（弁護士・本田敦子）

Q68 1ヵ月変形制を労使協定で行う際の就業規則の記載はどうすべきですか

　当社は毎月、月末に業務が集中するため、1ヵ月単位の変形労働時間制を導入し、時間外を減らしたいと考えています。1ヵ月変形制は、労使協定または就業規則に規定することが要件のようですが、労使協定で実施する場合は就業規則への記載は必要ないのでしょうか。

A 就業規則に必ず記載する必要がある

ポイント　1ヵ月単位の変形労働時間制は、労使協定を締結するか就業規則に記載するかの二とおりの実施方法がありますが、労使協定の場合でも就業規則の作成義務は変わりません。就業規則には各日の労働時間、休憩時間、休日に関する事項を記載しなければならず、変形制の導入により、始業・終業時刻などが変更になる場合は、その点を記載します。

1　制度導入の要件

　1ヵ月単位の変形労働時間制を導入するには、労働者の過半数で組織する労働組合、それがない場合は労働者の過半数代表者との書面協定、または就業規則その他これに準ずるものによる規定が必要です（労働基準法第32条の2第1項）。「その他これに準ずるもの」とは、就業規則の作成義務のない事業場のみへの適用ですから、実質的には労使協定か就業規則になります。どちらにするかは従業員等と話し合うのが原則ですが、最終的には使用者が決定することができます。

　制度を導入する場合は、次の事項について具体的に規定する必要があります。

① 　変形労働時間制を採用する旨の定め
② 　変形期間と起算日

Q68 1ヵ月変形制を労使協定で行う際の就業規則の記載はどうすべきですか

③ 対象となる労働者の範囲
④ 変形期間内の各日、各週の所定労働時間

なお、変形期間における所定労働時間の合計は次の式によって計算された時間の範囲内で設定します*。

$$1週間の法定労働時間 \times \frac{変形期間の暦日数}{7}$$

2 就業規則の記載内容

労使協定で実施する場合は、さらに「協定の有効期間の定め」が必要になります。したがって、上記①～④と、協定の有効期間を記載した労使協定を所轄労働基準監督署長に届け出れば、制度の実施要件を満たすことになります。

ただし、この場合にも就業規則との整合性に注意する必要があります。すなわち、1ヵ月単位の変形労働時間制を実施することにより、始業・終業の時刻や、休憩時間、休日など、法第89条に定める就業規則の記載事項に変更が生じた場合には、就業規則を変更しなければなりません。その場合には、就業規則の変更手続きを行い、所轄労働基準監督署長へ届け出ることも必要になります。

なお、就業規則には上記①～④のほか、「各日の始業・終業の時刻、休憩時間、休日。勤務割表による場合は、その旨および勤務割表の作成時期、労働者への周知方法」を記載することになります。

（編集部）

＊法定労働時間が40時間の事業場で、変形期間が1ヵ月の場合、所定労働時間の上限は以下になります（小数点第2位以下切捨て）。

1ヵ月の暦日数	労働時間の上限
31日	177.1時間
30日	171.4時間
29日	165.7時間
28日	160.0時間

Q69 1年変形の期間開始後に労働日、労働時間を変更できないのですか

1年単位の変形労働時間制の勤務表で定めた労働日、労働時間を、対象期間開始後に変更することはできないのでしょうか。

A 労使協定、就業規則で定めがあればその範囲では可能と考えられる

ポイント 労働日・労働時間が特定した後は、使用者の裁量による変更はできませんが、労使協定および就業規則で具体的変更事由と手続きを定め、それに基づいて変更することは可能と考えます。

1 原則は30日前までに特定

1年単位の変形労働時間制の中心的要件は、1ヵ月を超え1年以内の一定の対象期間を平均して1週間当たりの労働時間を40時間の範囲内とすること（労基法第32条の4第1項第2号）といえます。使用者は、当該事業場の過半数加入労働組合等との協定で、対象期間における労働日および当該労働日ごとの労働時間を定める必要がありますが、前もって1年間全部の各日ごとの始・終業時刻および労働時間を定めることが困難な場合には、変形制の対象期間の中をさらに1ヵ月以上の期間に区分することができます（同項第4号）。

この場合は、協定で最初の区分期間について労働日および各労働日ごとの労働時間を定めれば、残りの期間については、各期間における労働日数および総労働時間を定めれば足り、残りの各期間における労働日および各労働日ごとの労働時間は、その期間の始まる少なくとも30日前に、過半数加入労働組合等の同意を得て、書面で特定しなければなりません（労基法第32条の4第2項、労基則第12条の4第2項）。

さて、ご質問の一度決めた労働日・労働時間を、当該勤務表が定める対

象期間開始後に変更することができるかについて、行政解釈は、1年単位の変形労働時間制等については、労基法上、1週間単位の非定型的変形労働時間制に関する労働時間の変更に関する定め（労基則第12条の5第3項）と同様の定めがないことなどを理由に、これを否定し、振替により法定労働時間を超える日となる部分は時間外労働と解するようです（平9・3・28 基発第210号、平11・3・31 基発第168号参照）。

2 判例は変更事由に基づく変更認める

これに対し、1ヵ月単位の変形労働時間制に関する裁判例ですが、労基法が1ヵ月単位の変形労働時間制について変更が許される場合に関する定めを置いていないのは、使用者の裁量による変更が許されないという趣旨にとどまるとしたうえで、就業規則中に労働者から見てどのような場合に変更が行われるかを予測することが可能な程度の変更事由を具体的に定める場合に、それに基づいて労働時間を変更することは、使用者の裁量により労働時間を変更することにはならず、就業規則の定めによって労働時間の特定を求める労基法第32条の2の趣旨にも反しないとして、特定後の変更を認めています（平12・4・27 東京地判 労判782号6頁）。筆者は、同判示に賛同するものです。

（弁護士・本田敦子）

> **ひとくちメモ**
>
> ●1年変形制の途中変更
> 　1年単位の変形労働時間制は、1ヵ月を超えて1年以内の変形期間を定めて、その間の労働時間が1週平均40時間以内に定めた場合には、特定の週、特定の日に1週40時間、1日8時間を超えて労働させることができる制度です。通達では、労使協定に「甲乙双方が合意すれば、協定期間中であっても変形制の一部を変更することがある。」と定め、これに基づいて随時変更することについての「取扱い如何」とする問いに対して「変形期間の途中で変更することはできない。」（昭63・3・14基発150号、平6・3・31基発181号）と述べています。

Q70 専門業務型裁量制で定時会議への出席を義務づけられますか

専門業務型裁量制の対象となる裁量労働者に対し、定時会議への出席を義務づけることはできますか。

A 業務の遂行および時間配分の決定など指示しなければよい

ポイント 専門業務型裁量制の対象となる裁量労働者に、定時会議への出席を義務づけたとしても、業務の遂行の手段および時間配分の決定等に関し当該労働者に具体的な指示をしないのであれば、特に問題はないと考えます。

労使協定で定めた時間でみなす

　裁量労働制には、①労使協定による専門業務型の裁量労働（法第38条の3）と②労使委員会の決議による企画業務型の裁量労働（法第38条の4）の2つがあり、これらはいずれも、対象となる業務に従事する労働者について、当該労働者の労働時間として定めた時間労働したものとみなすというもので（法第38条の3第1項、第38条の4第1項）、通常の方法による労働時間の算定が適切でない業務について、労働時間の算定が適切に行われるよう認められたものです。

　そして、ご質問の専門業務型裁量制は、過半数加入労働組合等との間の労使協定で、①厚生労働省令（労基則第24条の2第2項および告示）で定める裁量労働に当たる専門業務の中から、「みなし時間」適用の対象とすべき業務、②業務の遂行の手段および時間配分の決定等に関し、当該労働者に具体的な指示をしないこと、③みなすべき時間、④健康・福祉の確保措置、⑤苦情処理措置を定め、同協定を行政官庁に届け出ることにより認められます（法第38条の3第1項および第2項）。

　労使協定で定める上記事項のうち、労働者の裁量権を認める②の事項

が、裁量労働制のポイントといえるため、ご質問のように、特定の会議等への出席を義務づけることが、裁量労働制と矛盾しないかが問題となります。

　この点、もう一つの裁量労働制であり、専門業務型裁量労働制と同様に業務の遂行方法について労働者に裁量権がある企画業務型裁量労働制に関する指針（平11・12・27　労働省告示第149号、改正　平15・10・22　厚生労働省告示第353号）において、「対象業務について…『使用者が具体的な指示をしない』とされることに関し、企画業務型裁量労働制が適用されている場合であっても、業務の遂行の手段および時間配分の決定等以外については、労働者に対し必要な指示をすることについて制限を受けないものである。……使用者が労働者に対し……当該業務の目的、目標、期限等の基本的事項を指示することや、中途において経過の報告を受けつつこれらの基本的事項について所要の変更の指示をすることは可能」とされていることに鑑みると、定時会議への出席を義務づけたとしても、それにより直ちに当該労働者の業務の遂行方法についての裁量権を害するものではないと考えます。

（弁護士・本田敦子）

◆ 参考文献 ◆
安西愈「トップ・ミドルのための採用から退職までの法律知識」（中央経済社）
安西愈「全改訂労働基準法のポイント」（厚有出版）
厚生労働省労働基準局編「労働基準法　解釈総覧」（労働調査会）
厚生労働省労働基準局編「労働基準法　上」（労務行政）
東京大学労働法研究会「注釈　労働時間法」（有斐閣）

Q71 時間外労働協定を有効期間の途中で変更できますか

当社は、有効期間を1年間と定めて時間外労働（三六協定）を締結しています。1年間の上限時間は300時間と協定していますが、このたび協定時間を超えて時間外労働をさせなければ業務に支障が生じる可能性が出てきました。有効期間の途中で三六協定の規定内容を変更することは可能でしょうか。

A 労使間の合意により行う必要がある

ポイント 有効期間中は協定内容に拘束され、一方的に破棄、変更等できないのは一般的な契約と同じです。労使間で変更について合意する必要があります。

1 合意による三六協定の変更

有効期間を定めて三六協定を締結した場合、その期間中、三六協定の定める内容に拘束されます。使用者が一方的に協定を破棄したり、内容を変更したりすることはできません。行政解釈も、合意解約を行うのは別として、一方的な破棄はできないとしています。

破棄条項による破棄や事情変更による破棄という方法も、一定要件のもとにあり得るとされていますが、三六協定の破棄を行っても、新しい内容の協定を締結しなければ意味がありません。労働者に法定時間外・休日労働をさせるには三六協定が必要です。単に破棄するだけでは、三六協定がなくなり、法定時間外・休日労働をさせられなくなってしまいます。

したがって、有効期間の途中で三六協定の内容を変更するためには、労使間で話し合い、内容の変更について合意する方法による必要があります。事例の場合には、労働者の過半数で組織する労働組合がある場合はその労働組合、それがない場合は労働者の過半数を代表する者との間で、1

年間の上限時間を300時間から例えば360時間に変更する旨を合意し、変更後の三六協定を作成して所轄の労働基準監督署長に届け出れば、1年間に300時間を超える時間外労働をさせたとしても、労基法違反とはなりません。

2 実務上の留意点

この際、一度は労使間で話し合って決めた協定の内容を変更するのですから、なぜ上限時間数を変更する必要があるのか、変更しなければいかなる業務上の支障が想定されるのか等を説明するのが適切です。

他方で、合意さえすればいかようにも協定内容を変更できるのだという意識のもと実務を運用するのは適当ではありません。一度定められた協定内容を有効期間中に変更するというのは本来、協定締結時には想定されなかった事態に対処せざるを得ない場合等に行われるべきものです。当初から変更を見込んで協定を締結するのは適当でないと思われます。

変更後の上限時間は、限度基準の定めに沿うか（1年360時間）、限度基準によらない場合でも労働者の健康に配慮した時間数（720時間程度が目安）とすべきです。

（弁護士・橘大樹）

●三六協定の届け出
労基署長への届出に際し、労基署が変更後の三六協定を受理しないという対応をとる可能性も想定されます。三六協定の届出は、行政官庁の「受理」を介することなく、届出が到達した時点で効力を生じるものですが、労基署との関係上、このような対応がとられる場合には、変更の必要性や労使間で十分合意が形成されていること、労働者の健康に十分配慮していること等を説明し、監督官を説得することが考えられます。

Q72 6時間以下の派遣スタッフの休憩は正社員と別でよいですか

当社は、就業時間を6時間とする派遣スタッフを受け入れており、派遣スタッフには45分間の休憩を付与しています。一方、正社員の就業時間は8時間、休憩は1時間です。派遣スタッフに休憩を付与する場合、正社員やほかの派遣スタッフと同じ時間帯でなければならないのでしょうか。

A 労働時間が6時間以下なら一斉付与の必要はない

ポイント 労基法34条に基づき休憩付与を義務づけられるのは労働時間が6時間を「超える」場合。6時間以下なら労基法上は付与義務がなく、任意に付与する場合でも一斉付与の必要はありません。

1 派遣スタッフと休憩

休憩についての法規制は、労基法第34条に定められています。労基法が派遣スタッフにどう適用されるかは労働者派遣法第44条に規定が置かれており、それによれば、休憩付与義務は実際に派遣スタッフを使用する「派遣先」が負うものとされています。

派遣先が派遣スタッフに休憩を付与する義務を負っているということですが、派遣スタッフと、派遣先が直接雇用する正社員等とで、休憩付与義務の内容が異なるということはありません。派遣スタッフについても、直接雇用の正社員等と同じように労基法第34条に沿って休憩付与を行う必要があります。

2 労働基準法第34条

そこで次に、労基法第34条の内容を見てみましょう。同条第1項、第2項は、次のような内容を定めています。

① 労働時間が6時間超の場合は45分間の休憩を与える必要
② 労働時間が8時間超の場合は60分間の休憩を与える必要
③ 同条の定める休憩は一斉に付与する必要（労使協定がある場合を除く）

3　事例の場合

　45分間の休憩付与義務が生じるのは、労働時間が6時間を「超える」場合です（①）。労働時間が6時間ちょうどであれば、休憩を付与する義務はありません。この6時間というのは残業を含む時間です。したがって、事例の派遣スタッフが残業に従事しない場合には、労基法上このスタッフに休憩を付与する義務はないということになります。

　もちろん、労基法上は付与義務がなくても休憩を与えることは可能です（法定外休憩）。事例の45分休憩はこれに当たるものですが、法定外休憩に労基法の規制は及びませんので、前記③の一斉付与の義務も及びません。

　これに対し、この派遣スタッフに残業をさせ、その結果労働時間が6時間を「超える」場合、事例の45分休憩はまさに労基法第34条により付与が義務づけられる休憩ということになります。したがってこの場合には一斉付与の義務が及びます。

　一斉付与では業務に支障ある場合には、労基法第34条第2項但書の労使協定を締結するか、あるいは同法第40条の特例の利用を検討することになります。

（弁護士・橘大樹）

●休憩時間の特例
　労働基準法第34条では、第1項で労働時間が6時間を超える場合は45分、8時間を超える場合は1時間の休憩を労働時間の途中に与える義務を、第2項では一斉に付与する義務（労使協定があればこの限りでない）、第3項では自由利用の原則を定めています。一方、第40条では労働時間や休憩時間について別段の定めができるとして、それに基づく同法則第31条では、運送業や商業、金融や病院などの7事業では、第34条第2項の一斉休憩の原則の適用除外を定めています。

Q73 訪問介護について事業場外みなしを適用できますか

　１日に複数の居宅を訪問する介護スタッフに事業場外みなしを適用できますか。

A 労働時間とは評価されない時間の存在がポイント

ポイント　訪問介護の場合、訪問の時間と場所をあらかじめ使用者から指示されるという事情と、空き時間中の非労働時間の存在がポイントになります。１日のスケジュールに非労働時間が存在し、その時間が特定できないときは、事業場外みなしの適用要件を満たすと考えられます。

1　事業場外みなし

　事業場外みなし制とは、事業場の外で業務に従事した労働者について、その労働時間を一定の時間数にみなすことができるという制度です。

　この制度は、労働者が事業場外で業務に従事しているというだけで適用できるとは限らず、労基法第38条の２の「労働時間を算定し難い」という要件を満たす必要があります。これは、事業場外で労働するという態様ゆえに、労働時間を十分に把握できるほどには使用者の具体的指揮監督を及ぼしえないという意味です。

　行政通達は、①グループ行動をする場合でメンバー中に労働時間の管理者がいるとき、②携帯電話等によって随時使用者の指示を受けながら労働するとき、③事業場において訪問先、帰社時刻など当日の業務につき具体的指示を受け、その指示どおりに業務に従事し、その後事業場に戻るときなどには、この要件を満たさないとしています。

2　訪問介護の場合は

　１日に複数の居宅を訪問する訪問介護についても、同じ枠組みによって

Q73 訪問介護について事業場外みなしを適用できますか

事業場外みなしの適用の可否が判断されます（なお、訪問介護に関しては「訪問介護労働者の法定労働条件の確保について」という行政通達がありますが、事業場外みなしの適用についての独自の解釈は特段示されていません）。もっとも、業種ごとの事情の違いが「算定し難い」の要件を満たすかの判断に影響を与えることはあり得ます。

　訪問介護の場合には、営業社員がどこの営業先に何時に訪問するかを逐次自分で決めながら回るような場合と異なり、訪問の時間と場所があらかじめ予約により決まっているという事情があります。会社が顧客からの介護予約を受けて、それをもとにスタッフに訪問先と訪問時間を指示するのが一般的な運用と思われます。これは、行政通達の挙げる③に近い形になります。

　他方、訪問介護では一つの訪問が終わった後、次の予約まで何時間も時間が空く場合があります。この空き時間の中には、労働時間と評価される移動時間や準備時間もあれば、労働からの解放が保障されており労働時間とは評価されない時間も含まれます。訪問介護にこの制度を適用できるのは、1日のスケジュールにこうした非労働時間が存在し、その時間数を特定できないために1日の「労働時間を算定し難い」といえる場合であると考えられます。

（弁護士・橘大樹）

●労働時間を算定し難い場合
　空き時間が移動に要する時間のみで構成されるような場合はこの要件を満たさず、事業場外みなしを有効に運用することは難しいと思われます。
●事業場外のみなし労働時間
　労働基準法第38条の2第1項では「労働者が労働時間の全部又は一部について事業場外で業務に従事した場合において、労働時間を算定し難いときは、所定労働時間労働したものとみなす。ただし、当該業務を遂行するためには通常所定労働時間を超えて労働することが必要となる場合においては、当該業務に関しては、厚生労働省令で定めるところにより、当該業務の遂行に通常必要とされる時間労働したものとみなす。」と定められています。

Q74 看護師の宿直勤務に時間外割増賃金は必要ですか

看護師に宿直勤務をさせる場合、宿直勤務に対して、時間外割増手当を支払わなければならないのですか。

A 監視断続労働の許可を受けていれば時間外割増賃金は必要ない

ポイント 労基法41条3号の監視断続的労働に該当する場合は、時間外割増手当を支払う必要はありませんが、勤務実態が監視断続的労働の要件を満たしている必要があります。

1 監視断続的労働

宿直に関しては、労基法の労働時間、休憩、休日に関する規定が適用されるのかが問題となります。

労基法第41条第3号は、監視断続的労働に従事する労働者については、使用者が行政官庁の許可を受けた場合、労基法上の労働時間、休憩、休日に関する規定が適用されないとしています。

また、労基則第23条は、労基法第41条第3号の監視断続的労働の中でも、本来業務に付随して行われる宿直または日直の勤務に従事する労働者について、使用者が所轄労働基準監督署長の許可を受けた場合は、労基法上の労働時間、休憩、休日に関する規定が適用されないとしています（昭35・8・25　基収第6438号、昭22・9・13　発基第17号、昭63・3・14　基発第150号）。

2 宿直の監視断続的労働性

当該労働が「監視断続的労働」に当たるか否かについては、明確な客観的基準がなく、問題となります。この点、医師・看護師の宿直については、行政の解釈例規があります（昭24・3・22　基発第352号、平11・3・31　基発第168号、昭33・2・13　基発第90号）。主な内容は以下のとおりです。

Q74　看護師の宿直勤務に時間外割増賃金は必要ですか

　①昼間の通常の労働の継続延長である場合、監視断続的労働としての宿直には当たらない、②監視断続的労働としての宿直に際して行うことのできる業務は、定時的巡視、緊急の文書または電話の収受、非常事態の発生に対処するための準備等を目的とした一般的な宿直業務、および、病室の定時巡回、異常患者の医師への報告あるいは少数の要注意患者の定時検脈、検温等特殊の措置を必要としない軽度の、または短時間の業務に限られる、③夜間に充分睡眠がとれることが必要である、④一回の宿直手当として、最低、１日の平均賃金額の３分の１を支払うこと、⑤宿直中に突発的な事故による応急患者の診療または入院、患者の死亡、出産、医師に命じられて看護師が行う処置などがあった場合は、これに対して時間外労働の割増賃金を支払うこと。

　また、医療機関における休日・夜間勤務については、宿日直勤務の実態を適切に把握し、上記の監視断続的労働の要件を満たす適正な運用を行うよう、厚生労働省から通達が出ています（平14・3・19　基発第0319007号）。

　仮に、監視断続的労働につき行政の許可を得ていたとしても、勤務の実態が監視断続的労働に当たらなければ、労基法の労働時間、休憩、休日に関する規定が適用され、割増賃金の支払等が必要となります。

（弁護士・藤原宇基）

Q75 在宅勤務者の労働時間はどのように把握すればよいですか

在宅勤務制度を導入しようとしていますが、従業員が自宅で何時間働いているのかが分かりません。どのように労働時間を把握すればよいのでしょうか。また、何時間分の賃金を支払えばよいのでしょうか。

A 随時具体的な指示をしないのであれば事業場外みなしの適用を

ポイント 事業場外みなし労働時間制が適用可能な場合は、所定労働時間分働いたとして賃金を支払うことができます。同制度の適用要件を満たさない場合は、業務時間や勤務場所を定めることで、プライベートな時間と業務時間を区別して労働時間を管理・把握します。

1 在宅勤務者の労働時間管理

在宅勤務者については、事業所から離れて単独で、プライベート空間でもある自宅で勤務していることから、労働時間の管理が問題となります。

2 事業場外労働のみなし労働時間制を適用できる場合

労働者の労働時間の適正な把握は使用者の義務とされています（労基法108条等）。

しかし、①労働者が、労働時間の全部または一部について事業場外で業務に従事したこと、②使用者の具体的な指揮監督権が及ばないため労働時間を算定し難いこと、という要件を満たす場合には、事業場外労働のみなし労働時間制を適用し、所定労働時間、または、当該業務の遂行に通常必要とされる時間労働したものとみなすことができます（労基法第38条の2第1項）。

そして、行政解釈上、在宅勤務に事業場外労働みなし労働時間制を適用

Q75 在宅勤務者の労働時間はどのように把握すればよいですか

する場合は、①その業務が、起居寝食など私生活を営む自宅で行われること、②その業務に用いる情報通信機器が、使用者の指示により常時通信可能な状態におくこととされていないこと、③その業務が、随時使用者の具体的な指示に基づいて行われていないこと、という要件のすべてを満たすことが必要とされています（平16・3・5　基発第0305001号）。

　事業場外のみなし労働時間制が適用される場合、みなし労働時間分の賃金を支払えば足りますが、休日手当や深夜手当の支払は必要です。そのため、在宅勤務者には、日報等により、実際に労働した時間を提出させることが望ましいとされています。

3　事業場外労働みなし労働時間制を適用しない場合

　例えば、業務の進捗状況に応じて、従業員に対して、随時、電子メールや電子掲示板などで具体的指示をし、従業員がこれに対応しなければならないような業務の場合、上記要件を満たさず、事業場外労働みなし労働時間制を採用することができません。その場合、労働時間を適正に管理・把握し、法定労働時間を超えた労働に対しては、時間外の割増賃金を支払う必要があります。労働時間を適正に管理・把握するためには、勤務時間を明確に定めたり、仕事場とプライベートな空間を分けさせたりするとよいでしょう。

（弁護士・藤原宇基）

5　休暇制度の整備と運用

Q76 「休職」とはどんな制度をいうのですか

休職とは、そもそもどのような制度なのでしょうか。

A　就労が不能または不適当な場合に就労を免除

ポイント　休職とは、一般的に、労働者を就労させることが不能または不適当な事由が生じた場合に、その就労を禁止または免除することをいい、就業規則等で設けられる主な制度としては、傷病休職、事故欠勤休職、起訴休職等があります。

1　「休職」とは

　休職とは、一般的に、労働者を就労させることが不能または不適当な事由が生じた場合に、その就労を禁止または免除することをいい、民間企業については法令に基づく制度ではなく（公務員の休職制度に関する規定としては、国家公務員法第61条、第79条、第80条、地方公務員法第28条第2項）、通常は就業規則等で制度化されるものです。休職には以下のような種類があり、休職中も労働契約自体が維持される点は共通しますが、賃金や勤務年数への算入の取扱いはさまざまで、休職が労働者側の事由に基づく場合は、賃金が減額または無給となり、勤続年数の算入もしない例が多いです。

2　「休職」の種類
（1）私傷病休職

　業務外の傷病による欠勤が一定期間（例：3～6ヵ月等）に及ぶ場合等に行われ、休職期間の長さは、勤続年数や傷病の性質に応じて定められることが多いです。一般的には、休職期間中に傷病から回復し就労可能とな

れば、休職が終了して復職となる一方、回復せずに期間満了となれば、退職又は解雇となるので、解雇猶予の機能を有する制度といえます。実務上、復職の可否の判断が問題となります（片山組事件　平10・4・9　最一小判　労判736号15頁参照）。

（2）事故欠勤休職

傷病以外の自己都合による欠勤が一定期間（例：1ヵ月等）に及んだときに行われ、休職期間中に出勤可能となれば復職となる一方、そうでない場合は退職または解雇となるので、前記（1）と同様に解雇猶予の機能を有する制度といえます。期間満了により退職となる場合には、解雇予告（労基法第20条）の潜脱とならないよう、休職期間は、30日以上とすることが必要とされるほか、発令事由にも一定の相当性を要すると解されています（菅野和夫「労働法」第十版528頁）。

（3）起訴休職

刑事事件に関し起訴された者を一定期間または判決確定まで休職とするものです。しかし、起訴されれば当該休職処分にできる訳ではなく、裁判例上、①当該起訴により職場秩序や企業の社会的信用や当該労働者の職務遂行等の点で、就労を禁止してもやむを得ない事情があること（山九事件　平15・5・23　東京地判　労判854号30頁）、または②勾留等により現実の労務提供が不可能または困難であること（日本冶金工業事件　昭61・9・29　東京地判　労民37巻4～5号363頁）が必要と解されています。

（4）その他

このほか、従業員の他社への出向期間中になされる出向休職や、公職就任、海外留学などの期間中になされる自己都合休職などがあります。

（弁護士・本田敦子）

◆ 参考文献 ◆
菅野和夫「労働法」第十版（弘文堂）
土田道夫「労働契約法」（有斐閣）
安西愈「トップミドルのための採用から退職までの法律知識」（13訂）（中央経済社）
渡邊岳「詳細！最新の法令・判例に基づく『解雇ルール』のすべて」（日本法令）

Q77 私傷病休職制度がないとどうなりますか

会社で私傷病休職制度を設けていない場合は、私傷病を発症した労働者への対応はどのようになりますか。

A 解雇の可否を検討することになる

ポイント 私傷病を理由とする解雇の可否が問題となりますが、傷病の業務への影響の程度、回復の見込みの有無、配転の余地等を考慮の上、可否を判断することとなります。

1 私傷病を理由とする解雇の可否

Q76のとおり、私傷病休職制度には一般に解雇猶予の機能があり、会社が当該制度を設けていない場合は、私傷病を理由とする解雇の可否が問題となります。この点、多くの会社は、解雇事由として、「心身の障害により業務に堪えない場合」等を規定していますが、私傷病を理由とする解雇にも解雇規制（労契法第16条）が及ぶので、私傷病の発症が直ちに解雇事由に該当するわけではありません。

2 考慮要素

私傷病を理由とする解雇の可否については、以下の点を考慮する必要があります。

（1）業務への影響の程度

まず、私傷病が業務への就労を困難にする程度でなければ、当該傷病を理由とする解雇の問題にはなりません（心臓疾患のため、ペースメーカーを装着したタクシー運転手について、「原告の心臓機能の障害は、……本件ペースメーカーの装着により、……健常者とほぼ異ならない程度に補われた」として、業務に耐えられない旨の解雇事由には直ちに該当しないと判断した事案として、まこと交通事件　昭61・5・23　札幌地裁　労判476

号18頁、一眼につき視力障害のある重機運転手について、直ちに運転業務に不適格との解雇事由には該当しないと判断した事案として、サン石油事件　平18・5・11　札幌高裁　労判938号68頁）。

（2）回復の見込みの有無

　また、傷病のために一時的に労務の提供が困難となっても、すでに回復したか、近い将来回復する見込みがある場合は、当該傷病を理由とする解雇はできません（病気による長期欠勤を頻発する労働者について、その原因となった疾病がいずれも一過性のものであり、すでに完治したとして、業務に耐えられない旨の解雇事由に該当しないと判断した事案として、黒川乳業〈本訴〉事件　平10・5・3　大阪地判　労判740号25頁、休職期間を経てもなお回復見込みがない場合の解雇を有効とした事案として、Q78の岡田運送事件）。

（3）配転等の可能性

　さらに、職種が限定されていない労働者については、現在の業務への就労が困難であっても、配置転換等により就労がなお可能かを検討する必要があります（日放サービス事件　昭45・2・16　東京地判　判タ247号251頁、職種を限定した雇用で解雇を有効とした事案として、北海道龍谷学園　平11・7・9　札幌高裁　労判764号17頁）。

（弁護士・本田敦子）

◆　参考文献　◆
菅野和夫「労働法」第十版（弘文堂）
土田道夫「労働契約法」（有斐閣）
安西愈「トップミドルのための採用から退職までの法律知識」(13訂)（中央経済社）
渡邊岳「詳細！最新の法令・判例に基づく『解雇ルール』のすべて」（日本法令）

Q78 休職制度があると、休職を経ずに解雇することはできませんか

私傷病休職制度を設けている場合は、休職を経ずに解雇することはできないのでしょうか。

A 就業規則によるが病状によっては解雇可能な場合も

ポイント 休職期間を経過しても傷病が回復する見込みがなく、就労が不能な場合には、休職を経ずに解雇することも可能と考えます。

1 私傷病休職の定め方

Q76のとおり、休職制度は、各会社において就業規則等により制度化されるものであるため、私傷病休職の定め方も、一定の傷病休職事由が発生した場合に、「休職を行う」とする例もあれば、「休職させることがある」として、会社に裁量を与える例もあるなど、会社によりさまざまといえます。

2 本問の検討

では、私傷病休職制度を設けた場合は、私傷病を発症した労働者に対して、必ず休職をさせなければならないのでしょうか。

この点、貨物自動車運送業等を業とする会社が、脳梗塞を発症した運送業務に従事する労働者に対し、就業規則に定められた休職を経ずに解雇した事案において、裁判所は、会社の就業規則上、業務外の傷病欠勤が6ヵ月を超えて、当分の間職務に就くことができない場合は、3ヵ月の休職期間を置く旨定めているとしても、「（休職制度の）趣旨とするところは、労使双方に解雇の猶予を可能とすることにあると解され……、かかる休職制度があるからといって、直ちに休職を命じるまでの欠勤期間中解雇されない利益を従業員に保障したものとはいえず、使用者には休職までの欠勤期

Q78 休職制度があると、休職を経ずに解雇することはできませんか

間中解雇するか否か、休職するか否かについてそれぞれ裁量があり、この裁量を逸脱したと認められる場合にのみ解雇権濫用として解雇が無効となると解すべき」としたうえで、「本件では……仮に休職までの期間……及び休職期間……を経過したとしても就労は不能であったのであるから、被告が原告を解雇するに際し、就業規則……に定める休職までの欠勤期間を待たず、かつ休職を命じなかったからといって、本件解雇が……解雇権の濫用になるとはいえない。」と判断しています（岡田運送事件　平14・4・24　東京地判　労判828号22頁、この他、就業規則上、「休職を命ずる」との規定がある会社が、低酸素脳症により高次脳機能障害を負った労働者に対し、休職を経ずに解雇したことが有効とされた事案があります。農林漁業金融公庫事件　平18・2・6　東京地判　労判911号5頁）。

　これらの裁判例に鑑みると、休職期間を経過しても、傷病が回復する見込みがなく、就労が不能な場合は、休職を経ずに解雇することも可能と解されます。

（弁護士・本田敦子）

◆ 参考文献 ◆
菅野和夫「労働法」第十版（弘文堂）
土田道夫「労働契約法」（有斐閣）
安西愈「トップミドルのための採用から退職までの法律知識」（13訂）（中央経済社）
渡邊岳「詳細！最新の法令・判例に基づく『解雇ルール』のすべて」（日本法令）

Q79 精神疾患に対応する休職規定の制定のポイントは

近年、当社では精神疾患により休職する社員が増えており、休職規定を見直したいので、規定のポイントを教えてください。

A 断続的な欠勤や復職基準が重要

ポイント 従前は身体疾患を念頭に私傷病休職の制度が設計されていましたが、近時精神疾患が増加してきており、精神疾患特有の問題が生じています。したがって、今後は精神疾患に対応できる休職規定を策定する必要があります。

1 断続的欠勤に対応する規定

私傷病休職は、私傷病により労務提供ができない場合に、解雇を一定期間猶予する措置として設けられた制度です。この休職に入れるかどうかの基準として、「業務外の傷病により欠勤し、欠勤日より2ヵ月経過しても、その傷病が治癒しないとき」というように、一定期間の欠勤日数を定めるのが一般的です。この欠勤日数としては2、3ヵ月を定めていることが多く見られます。

この点、身体疾患により労務提供ができない場合には連続して欠勤するというのがほとんどですが、近時問題となっている精神疾患の場合には、断続的欠勤を繰り返したり、形式的には出勤するものの実際はほとんど仕事できていないということが多々あります。そのような場合に、上記の欠勤日数を基準とした休職事由しかない場合には、休職させるに当たり従業員との間でトラブルになる可能性があります（「会社が必要と認めた場合」等の包括規定がある場合にはそれを根拠に休職させることも可能ですが、正面から休職事由として定めておく方が円滑に対応できます）。

そこで、「業務外の傷病により通常の労務提供ができず、その回復に一定の期間を要するとき。」といった休職事由も定めておくのが適切です（後

掲の規定例第Ａ条１項２号)。

２ 新型うつ対応

　最近では、「新型うつ」と呼ばれる症状が問題となっています。例えば、会社に行こうとする際や仕事をする際にはうつ症状が見られる一方で、私生活の面では健康な人と同様に生活できるというケースです。従来の労使慣行において、休職の対象となる「傷病」は、「私生活においても療養を必要とする傷病」に限定されていたはずです。私生活で自分の趣味等はできるが、会社で仕事をすることができないというのは、単に従業員として不適格であるというにすぎず、休職制度を利用して解雇を猶予しなければならないものではないと考えます。そこで、規定例第Ａ条２項では、休職の対象となる傷病を「私生活においても療養を必要とする傷病」であると確認しています。

　また、私傷病休職は、労務提供を免除し、休職期間中に私傷病休職を治癒させることにより復職後の労務提供を可能にするための期間ですから、従業員は休職期間中療養に専念しなければなりません。その旨を規定例第Ａ条３項で確認的に定めています。

３ 試用期間中の社員は適用しない

　試用期間は心身ともに健康で通常の労務提供ができるか否かを判断する期間です。この期間中に私傷病により労務不提供または不完全提供の状態になった場合に休職を認めてしまうと、試用期間の意味がなくなります。したがって、試用期間中の社員については私傷病休職制度が適用されないように規定しておく必要があります。

４ 復職基準について

　休職事由が消滅した場合、すなわち、私傷病による休職の場合には原因となった私傷病が治癒した場合に復職させることになりますが、精神疾患の場合には、一般的には完治は容易とはいえないため、どういう場合が治癒といえるのか、復職の基準が問題となります。この点、労働者は労働契約に基づき労務提供する義務を負っており、それは、当該労使間で当初合意した、当該労働契約における債務の本旨に従ったものとして、従来の業務を健康時と同様に通常労務遂行できるといえるものではなくてはならず、単に「出社することができる」とか「短時間であれば就労可能である」

とか、「軽作業であれば就労可能である」といったものではありません。

この復職基準については、トラブルになることが多いため、規定例第C条2項なお書、第A条1項1号のように、就業規則に明記しておくのが適切です。

5 復職の手続

精神疾患の場合、治癒したかどうかの判断が難しく、治癒したと判断して復職させた後にすぐに再発し実際には治癒していなかったのではないかという事案は少なくありません。よって、復職時の判断は慎重に行う必要があります。そもそも、主治医の診断書は、その性質上、患者である本人や家族の意向を反映して作成されることが大半です。したがって、復職を希望する労働者から提出された主治医の診断書のみを復職判断材料にするのではなく、診断書の真意を確認するため、主治医との面談をすることが必須と考えます。実際には、主治医と面談しても復職可能かどうかの判断が微妙なケースは多くあり、そのような場合には、会社指定の専門医に受診させ、専門医の意見も踏まえた上で、会社が判断するのが適切です。

そこで、規定例第C条2項ないし4項のように、主治医の診断書の提出義務、主治医面談の協力義務、会社指定医の受診義務を定めておくのが適切です。

6 再発した場合の取扱い

従前企業が私傷病休職において念頭においていた身体疾患は通常1回きりのものであり、再発を繰り返すことは想定されずに制度設計がなされていました。しかし、精神疾患の場合、再発を繰り返すことが少なくなく、無限に休職を繰り返されたのでは、企業は耐えられません。そこで、再発に対応できる規定をおく必要があります。そこで規定例第D条1項では、「復職後6ヵ月以内に同一ないし類似の事由により欠勤ないし通常の労務提供をできない状況に至ったとき」に復職を取消し、再休職させ、休職期間を通算する制度を導入しています。この規定のポイントは、「類似の事由」であっても通算するという点です。これは、精神疾患の場合、医師によって診断が異なることは多々あるからです。

なお、復職取消の期間を2～3ヵ月とするのは短いと思われます。

この制度以外にも、休職の回数に制限を設けたり、休職期間に通算の上

Q79 精神疾患に対応する休職規定の制定のポイントは

限期間を定めたりすることも考えられます。

（弁護士・爲近幸恵）

規定例

第A条　会社は、従業員が次の各号の1つに該当するときは、休職を命ずることがある。なお、第1号、第2号の場合、および第4号の休職事由が業務外の傷病を原因とする場合には、その傷病が休職期間中の療養で治癒する蓋然性が高いものに限る。
　① 業務外の傷病により欠勤し、欠勤日より2ヵ月経過しても、その傷病が治癒しないとき。
　　なお、治癒とは、民法第493条に定める債務の本旨に従った弁済（本旨弁済）ができる状態、すなわち、従来の業務を健康時と同様に通常業務遂行できる程度に回復することを意味する。
　② 業務外の傷病により通常の労務提供ができず、その回復に一定の期間を要するとき。
　③ その他前各号に準ずる事由があり、会社が休職させる必要があると認めたとき。なお、業務外の傷病を原因とする場合でも、第1号の欠勤を前提としない。
　2　前項第1号および第2号の傷病とは、私生活においても療養を必要とする傷病をいう。
　3　従業員は、傷病による休職期間中は療養に専念しなければならない。

第B条　休職期間は、休職事由を考慮のうえ、次の期間を限度として会社が定める。
　① 前条第1項第1号、同第2号の事由による場合
　　　勤続1年以上10年未満の者　　1年
　　　勤続10年以上の者　　　　　　1年6ヵ月
　② 同第3号による場合　　　　　　会社が認めた期間

第C条　休職期間満了までに休職事由が消滅しない場合、当然退職とする。
　2　従業員は、第A条第1項第1号、および同2号の休職事由が消滅したとして復職を申し出る場合、または同3号の休職事由が業務外の傷病によるものであって、当該休職事由が消滅したとして復職を申し出る場合には、医師の治癒証明（診断書）を提出しなければならない。なお、治癒とは、第A条第1項第1号後段に規定する意味と同一とする。
　3　前項による診断書の提出に際して、会社が診断書を作成した医師に対する面談による事情聴取を求めた場合、従業員は、その実現に協力しなければならない。
　4　第2項の診断書が提出された場合でも、会社は会社の指定する医師への受診を命ずることがある。会社は、従業員が正当な理由なくこれを拒否した場合、第2項の診断書を休職事由が消滅したか否かの判断材料として採用しないことがある。

第D条　従業員が復職後6ヵ月以内に同一ないし類似の事由により欠勤ないし通常の労務提供をできない状況に至ったときは、復職を取り消し、直ちに休職させる。
　2　前項の場合の休職期間は、復職前の休職期間の残期間とする。ただし、残期間が3ヵ月未満の場合は休職期間を3ヵ月とする。
　3　前2項の規定は、病気を理由とする普通解雇規定の適用を排除するものではない。

> **ひとくちメモ** ●試用期間
> 　特に法的な定義は定められていませんが、一般的に「採用時において、本採用前に、本人の適性や能力を計る期間」と考えられています。労働基準法第21条では、「試みの使用期間」中の者で14日以内であれば、解雇予告が適用除外とされています。また、最高裁は、「解約権留保付労働契約」と解しています（三菱樹脂事件　昭48・12・12最大判）。したがって、試用期間中の解約は解雇と解されて解雇権濫用法理（労働契約法第16条）が適用されると解されています。

Q80 休職中の従業員の処遇、取扱いはどうすべきですか

休職中の従業員の処遇について、特に賃金の取扱い、勤続年数算入の取扱いについて教えてください。

A 私傷病の場合は健保の傷病手当金との関係に注意を

ポイント 賃金の取扱い、賞与算定の際の出勤率の取扱い、退職金算定の際の勤続年数の取扱い、昇格・降格の取扱いについては、合理的な方法であれば使用者が任意に決定することができます。年休の発生要件である出勤率の算定の際には、休職期間は出勤日にも全労働日にも含めません。

1 はじめに

休職に関する事項は就業規則の相対的必要記載事項（労基法第89条第10号）であるため、使用者は休職制度を設けた場合、それを就業規則に記載する必要があります。

そして、就業規則に定められる休職制度の内容は合理的である必要があります（労働契約法第7条）。

休職制度は法定の制度ではなく、休職制度の内容は使用者が比較的広い裁量により決定することができるため、最低限の休職制度とする会社もあれば、有給で1年以上など従業員に手厚い休職制度とする会社もあります。

2 賃金の取扱い

(1) 基本給

労務を提供できない原因が使用者側にない場合（従業員側にあるか、使用者側にも従業員側にもない場合）、従業員は使用者に賃金を請求できません（民法第536条第1項、第2項参照）。

そのため、使用者側に責任のない事由による休職の場合、賃金を支払わないという規定も合理的であるといえます。

私傷病休職中、使用者から賃金が支払われなければ、休職開始から連続して4日目以降、最長1年6ヵ月にわたって、健康保険から標準報酬日額の3分の2に相当する額の傷病手当金が支払われます（健康保険法第99条）。

他方、使用者が任意に休職中の従業員に賃金を支払うこともできます。病気休職中の期間中の賃金の支払いについて、①「なし」が33.5％、②「一部あり（傷病手当金のみ）」が29.2％、③一部あり（傷病手当金＋企業独自の傷病手当付加金）」が19.4％、④「全額あり」が7.2％という調査もあります*。

（2）各種手当（通勤手当、住居手当、扶養手当、業績手当、特殊勤務手当、役職手当等）

休職期間中に各種手当を支給するか、しないかについても使用者が任意

【規定例（無給）】
第○条　休職期間中の賃金
　　休職期間中は賃金を支給しない。

【規定例（有給）】
第○条　休職期間中の賃金
1　従業員が、私傷病により休職を命ぜられたときは、その休職の期間が1年に達するまでは基本給の100分の80、1年を超える期間については、100分の60を支給する。
2　従業員が刑事事件に関し起訴されたことにより休職を命ぜられたときは、その休職の期間については、基本給の100分の60以内を支給することができる。
3　従業員が前各項に規定する事由以外の事由により休職を命ぜられたときは、基本給の全部または一部を支給することができる。

【規定例（含めない方法＋一定の割合で含めるとする方法）】
第○条
　　休職期間については、勤続年数に含めない。ただし、会社が必要と認めた場合は休職期間を一定の割合で勤続年数に含めることがある。

に決めることができます。

　この点、休職中は出勤しないため通勤手当は不要ですし、また、勤務をしないため、業績手当、特殊勤務手当、役職手当は発生しないとして不支給としている企業が多いと思われます。

　他方、住居手当、扶養手当は勤務をしていなくても必要な出費に対する手当であるとして一部または全部を支給している企業もあります。支給をする場合は、【規定例（有給）】の「基本給」の部分を「基本給および住居手当、扶養手当……」と変えるなどして規定します。

3　出勤率、勤続年数の算定
（1）賞与の算定

　賞与は支給の有無、支給額の決定方法、支給の方法について、使用者が任意に決定をすることができます。そのため、賞与の功労報償的意味を重視して、休職中の者には賞与を支給しないという取扱いもできますし、賞与の生活補填的意味も考慮して、休職中の者にも賞与を一部支給するという取扱いも可能です。

　また、賞与を算定する際に、基本給×支給率×出勤率という算定方法を取る場合があります。この場合、出勤率の算定には休職期間は①含めないとすることもできますし、②含めるとすることもできます。また、③一定の割合（2分の1など）の範囲で含めるとすることも可能です。

　さらに、対象期間中の人事考課を考慮して賞与の支給率を決定する場合、出勤した期間の業績により考課を行い、支給率を決定するという企業もあります。

（2）退職金の算定

　退職金についても、支給の有無、支給額の決定方法、支給の方法について、使用者が任意に決定をすることができます。退職金は、一般的に勤続年数により支給率や金額が決まっています。

　そこで、退職金を算定する際に、勤続年数に休職期間を①含めないとする方法、②含めるとする方法、③一定の割合で含めるとする方法が考えられます。

（3）年次有給休暇の算定

　使用者は前年度の出勤率（出勤日／全労働日）が8割未満の者に対しては、有給休暇を付与する必要はないとされています（労基法第39条第2項）。この点、休職とは労務の提供を免除ないし禁止されることをいうため、年休の取得に必要な出勤率の算定に当たり、休職期間は全労働日からも出勤日からも除外されます。

4　昇給・昇格、降給・降格

　昇給・昇格、降給・降格についても、昇降の基準や決定方法については使用者が任意に決定することができます。

　しかし、昇降の基準や決定方法について就業規則等に記載している場合は、これに基づいて昇給・昇格、降給・降格を判断する必要があります。

　この点、就業規則に定期昇格・昇給が規定されていれば、休職期間があったとしても昇格・昇給を行う必要があります。

　他方、人事考課等を考慮して、昇給・昇格、降給・降格を決定すると規定されていれば、休職期間を考慮して昇給・昇格させないことや、降給・降格させることができます。

　その場合、出勤している期間の業績のみにより考課を行う、休職により業績が上げられていないことをマイナス評価として人事考課を行う等の方法が考えられます。

（弁護士・藤原宇基）

＊独立行政法人労働政策研究・研修機構、2005年5月「労働条件の設定・変更と人事処遇に関する実態調査―労働契約をめぐる実態に関する調査（Ⅱ）―」

Q81 どのようなときに休職を適用すればよいですか

当社には私傷病休職制度がありますが、これまではこの制度を適用するケースがありませんでした。私傷病休職はどのようなときに適用されるのでしょうか。

A 就業規則に定めた休職事由が認められたときに適用

ポイント 私傷病休職制度は、私的に病気になったり、負傷したりして、労務への従事が不能なとき（休職事由）、労務への従事を一定期間（休職期間）免除し、その期間内に回復すれば復職、期間満了時に回復していなければ退職（もしくは解雇）してもらうというものです。

1 就業規則の定め

私傷病休職制度の導入について法的義務はありませんが、大手企業を中心に広く導入されており、就業規則に休職事由、休職期間、復職の条件等が定められています。どのようなときに適用できるかについては、休職事由によりますが、下の例のように一定期間の欠勤を経て、休職を命ずると定めるケースが多いようです。

2 休職適用の検討

本人から主治医の「休業が必要」という診断書が提出されたときはもちろんのこと、本人がすでに出社できなくなっているとき、または、出社していても仕事がほとんど手につかなくなっているときは、休職の適用を検討すべきです。安心して休める環境を速やかに整えることがその後の順調な回復につながりますので、この点に配慮が必要です。

ただし、主治医の診断書に「休業が必要」とあっても、疑義があるときは、会社が指定する医師の診断を受けさせることができるように就業規則

就業規則例

> 業務外の傷病もしくは精神の疾患等により勤務に堪えず欠勤期間が引き続き6ヵ月に達し、主治医および会社が指定する医師の診断結果で休職することの妥当性が認められるとき。なお、同一系統の傷病により断続して欠勤したときは引き続き欠勤したものとみなし、前後欠勤日数を通算する。ただし、出勤3ヵ月に及んだときはこの限りでない。会社が指定する医師の診断を受けるための費用は会社が負担する。

に定めておくとよいでしょう。

3 休職と解雇との関係

　私傷病休職制度の主な目的は、私傷病になった労働者に療養の機会を与え、いたずらに失職しないようにすることにあります。

　健康を害して、勤務に堪えない労働者が出た場合、私傷病休職制度があるのに、これを適用せずいきなり解雇するのは、就業規則の普通解雇事由に「健康状態が勤務に耐えられないと認められるとき」とあったとしてもできないでしょう。なぜなら、使用者が私傷病休職制度を設けたのは、長期欠勤を要する病気やケガをしても、解雇を猶予する趣旨と解釈できるので、それを適用せずにすぐに解雇するのは解雇権の濫用と評価されるからです。

　ただ、病気やケガの状態から、休職期間では到底治癒しないことが客観的に明らかであれば(例えば、運転手で採用したが、病気で失明した場合)、休職制度を適用せずに解雇しても権利濫用にはならないでしょう。

（田代コンサルティング代表・田代英治）

Q82 休職開始前にどのようなことを取り決めておけばよいですか

> メンタルヘルスの不調により私傷病休職を発令せざるを得ない社員が出てきました。今後、休職開始までに、本人との間でどのようなことを取り決めておけばよいでしょうか。

A 休職期間中の連絡について取り決めておくとよい

ポイント 一旦休職に入ってしまうと、特にメンタルヘルスの不調の場合は、会社から積極的に連絡を取りづらくなるので、本人から毎月1回定時連絡をしてもらうように取り決めておきます。定期的に産業医を交えて面談をするように取り決めている会社もあります。

---

1 適切な情報提供の工夫

休職開始前の本人は、「会社を休まなければならない」ということに大変なショックを受けます。多くの人が、「大変なことになってしまった」「きちんと治るのだろうか」「会社をクビになったらどうしよう」というような不安を感じます。メンタルヘルス不調で休職する従業員が安心して休める環境を整えるためには、そうした不安を解消するさまざまな情報提供を行う必要があります。

まずは、人事担当者から会社の私傷病休職制度について詳しく説明します。本人の不安（特に経済的な面）を解消し、休職期間中の処遇の内容が伝わるように「休職の手引き」などを作成し、本人に手渡しておくとよいでしょう。

この「休職の手引き」には、会社の休職制度、特に休職できる期間とその間の賃金について記載しておきます。このしおりには、賃金・休職制度・健康管理等、必要な担当者の連絡先、さらには健康保険の傷病手当金や共済会等からの見舞金制度等についても、問い合わせ先を含めて記載してお

きます。また、休職中は仕事から離れ、治療に専念するために、社用のパソコンや携帯電話などは会社に預かり、休職期間中に連絡をとる場合は、私用の電話やメール等を用いるようにします。

　休職期間に入る前に本人と直接話ができればよいのですが、突然休み始めて、そのまま欠勤、休職に入る場合もあります。筆者が知る限り、このようなケースのほうが多いのですが、その場合、休職できる期間や復職の際の手順等を明記した書面を送付しておくのがよいでしょう。

2　本人への配慮

　人事担当者だけでなく、上司からも、「仕事からいったん離れて心身を休めることが大切だ」と繰り返し伝え、当面の仕事について1～2日で簡単に引き継ぐようにします。「職場のことは心配するな。とにかくゆっくり休め」と伝えるだけでずいぶん本人の気持ちの負担が減ります。もし可能なら、休職中は休養の妨げとならないように配慮しつつ、時折連絡をとり、回復経過、主治医から受けている説明を聞くとよいでしょう。また、仕事について連絡することがあれば、必ず上司を通すようにします。本人と担当者同士で直接やり取りをしていると、やり取りの数が増えてしまい、体調の回復に支障を来すことがありますので、注意が必要です。

(田代コンサルティング代表・田代英治)

ひとくちメモ

●産業医

　労働安全衛生法13条では「事業者は、すべての業種において、常時50人以上の労働者を使用する事業場ごとに1人以上の産業医を選任しなければならない。常時3000人を超える労働者を使用する事業場においては、2人以上の産業医を選任しなければならない」と定められています。企業等において主に労働者の健康管理等を行う医師をいいます。

Q83 休職終了の判断はいつどのように行いますか

現在休職中の者がいますが、休職期間満了の時期が迫り、復職を申請してくる見込みです。その復職可否の判断において会社が注意すべきポイントと、復職後のポイントを教えてください。

A 会社の指定する医師の診断によりチェックし会社が判断

ポイント 休職中の本人から復職の申請があった場合、主治医の診断書に基づく本人からの申請だけで判断せずに、産業医等会社の指定する医師の診断結果も合わせて、最終的に会社が判断します。その手続きの内容を就業規則にきちんと記載しておきます。

1 復職可能の診断書の提出

メンタルヘルス不調者は、病状がある程度回復してくると、本人は一見、元気そうに見えて、復職にも意欲的に見えます。中には、復職を焦るあまり、まだ出社可能なレベルの回復に達していないのに、主治医に頼み込んで、「復職可能の診断書」を会社に提出してしまう人もいます。しかし、生活リズムがきちんと回復してから復職させないと再発の原因となります。出社可能レベルの回復に至るまで、個人差はありますが、休職を開始してからおよそ3～6ヵ月程度はかかるようです。

主治医の復職可能の判断は、普通の生活ができるレベルかどうかであるのに対して、会社の産業医が行う復職可能の判断は、従前の業務が支障なくできるかどうかであり、レベルに差があるのが一般的です。主治医の診断書による復職可否の判断は慎重に行う必要があります。

2 復職後半年間のプランづくりが成否の分かれ目

メンタルヘルスの不調等で会社を休んでいる人の復職後の再発を防止

し、無事に復職するためには、復職後からさらに6ヵ月程度の期間、業務の軽減措置が必要となるのが一般的です。復職直後は業務の負荷を大きく軽減し、その後、本人の体調を見ながら、少しずつ業務量や業務の種類を元に戻していきます。

　通常のパターンでは、復職1ヵ月目は、内勤でできる単純な仕事を割り当てます。出張や残業をさせることなく、資料の閲覧や整理、これまでの仕事の状況の把握、物品の整理等をやってもらいます。休職前に勤務していた部署の人間関係等に問題がなければ、所属は変えないまま、こうした仕事を用意することもあります。当面の業務は、「高度な判断や折衝を必要としない、自分のペースで進められる作業的な仕事」が適しています。顧客や他部署との折衝や調整、責任のある判断を伴う業務や短い納期の仕事等はあまり向いていませんし、再発させてしまうことになりかねません。

　このように、復職後は本人や関係者と合わせながら、徐々に会社の業務に慣らしていくのがよいと思われますが、このようなルールを「リハビリ出勤制度」として確立している会社もあります。休職者の回復の程度も異なりますので、原則的なルールを決めたうえで、関係先と合わせながら、慎重に運用していく必要があります。

（田代コンサルティング代表・田代英治）

ひとくちメモ

●主治医
何人かの医師の中で、中心になる医師や、かかりつけの医師を言うとされます。産業医が、企業の中で、労働者の健康管理を行うのに対して、主治医は、患者にとって、健康管理を行う医師ということになります。

Q84 休職する者が出た職場ではどのようなことをすべきですか

当社のある部署で、メンタルヘルスの不調により休職する者が出てしまいました。これまで同様のケースがなく、現場ではどのように対処したらよいか困っています。

A 同僚への説明や休職者の業務の振り分け等が必要

ポイント 休職者の個人のプライバシーに配慮しつつ、業務への影響が最小限となるように、同僚への説明、休職者の業務の振り分け、代替要員の確保等手配をする必要があります。同僚への説明には、具体的な病名等は必要なく、ネガティブな情報が出ないように注意が必要です。

1　職場の他のメンバーへの説明

職場の一人がメンタルヘルス不調で休職するとき、ほかのメンバーにはどのように説明すればよいのでしょうか。メンタルヘルス不調は他の病気とは違い、どのような病気なのか、まだ十分に理解されているとは限りません。回復までの期間が長く、復職してからも半年程度は仕事の調整が必要なため、職場への影響も大きく、メンバーへの適切な説明は不可欠です。

従業員の個人のプライバシーにかかわる情報を職場に伝えるときには、「業務の調整に必要な内容に限定して伝える」ことが必要となります。「うつ病で3ヵ月間の休業」の場合は、「体調不良で来週から休むことになった」「当面、休業期間は3ヵ月ということになっているが、場合によっては延びる可能性もある」「しばらく、仕事は他のメンバーに割り振る」というように、「体調不良で休む」「その期間と延長の可能性」「仕事の割り振り」の3点をきちんと伝えられれば、それ以上の情報は必要ありません。何の病気で休むのかよりも、「誰に、どのような仕事を、いつまで割り振るのか」ということを詳しく説明することの方が重要です。

顧客等外部の関係者にも「○○さんは、体調不良でしばらくお休みすることになりました。当面△△さんが、担当となります。」と、仕事の調整に必要な内容のみを明確に伝えられればよいと思われます。従業員のプライバシーの保護の観点からは、上司や人事担当者等からの公式な説明としては「体調不良で」という説明に統一することが重要です。

2　代替メンバーへの配慮も必要

　休職者の仕事を担当することになったメンバーは、最初は快く引き受けてくれるかもしれませんが、1ヵ月、2ヵ月と時が経つにつれて、負担感が増していきます。

　すると、「仕事を頼むときは何度も声をかけてきたのに、引き受けた後、上司は何もフォローしてくれない」といった不満の声が出てくることもあります。仕事を引き受けてくれたメンバーには、上司から定期的に声をかけ、労をねぎらうようにしましょう。

　多くの場合は、休職者の仕事の大半を上司や先輩社員が引き受けることになります。先輩社員等他のメンバーや上司自身がオーバーワークにならないようにするためには、さらに上位の管理職に状況を説明し、組織内での業務調整等も検討が必要となります。

（田代コンサルティング代表・田代英治）

ひとくちメモ

●プライバシー
　一般に、使用者は労働契約上の付随義務として、労働者のプライバシーを保護するために職場の環境を整える義務を負っているとされています。（京都セクハラ事件　平9・4・17京都地判）。

Q85 医師に受診しないまま欠勤を続ける社員に指定医への受診を命令できますか

精神疾患により欠勤が続き、早期に医師の診断を受けることが当該社員にとっても、また、周囲の社員にとっても望ましいにもかかわらず、受診しようとしない社員がいます。そのような場合は受診を命令することはできますか。

A できるが、指定医への受診命令を出す合理性・相当性が必要

ポイント 就業規則に定めがあり、合理的な理由があれば受診を命じることができ、労働者はそれに従う義務があるとされます。

1 就業規則上で定めがある場合

使用者から労働者に対する指定医への受診命令を定めている場合において、合理的理由がある限り、同命令は有効と解されます。この点、使用者が労働者に対し就業規則および労働協約の規定に基づき使用者指定の病院での総合精密検診の受診を命じたところ、労働者がこれを拒否したことから、受診命令の可否が問題となった事案において、最高裁は、健康回復という目的との関係で、当該受診命令に合理性・相当性があれば、労働契約上、労働者は受診命令に従う義務があるとしています（電電公社帯広局事件　昭61・3・13　最判　労判470号6頁）。

2 就業規則上で定めがない場合

就業規則上で指定医への受診命令について定めていない場合でも、使用者は労働者に対して、労働契約上の安全配慮義務を負っており（労働契約法第5条）、他方で労働者は自己の健康を管理する自己保健義務を負っていると解されます。このため、指定医での受診を命令する合理的理由がある場合には、使用者は、労働者に対し、同命令を出すことができると考え

Q85 医師に受診しないまま欠勤を続ける社員に指定医への受診を命令できますか

ます。

　裁判例でも、労使間における信義則ないし公平の観念に照らし、合理的かつ相当な理由があれば、就業規則等にその定めがないとしても使用者は受診を指示することができ、労働者はこれに応じる義務があるとしたものがあります（京セラ事件　昭61・11・13　東京高判　労判487号66頁）。

3　まとめ

　以上のとおり、指定医への受診命令については、傷病との関係で当該指定医への受診を命じる合理的理由がある限りは、就業規則での定めの有無を問わず有効と考えます。ただし、就業規則で定めがある場合の方がより受診命令の有効性が認められやすいものと考えます。

　なお、精神疾患が疑われる場合には、精神科医の受診を命令すること自体が、かえってその従業員のメンタル面を悪化させる危険もあり得ることからすると、直ちに受診を「命令」するのではなく、まずは口頭での「要請」といった形で行い、それでも従業員が応じようとせず、また状況に好転が見られない、といった段階に至って「命令」を出すという配慮が必要と考えます。

（弁護士・荻谷聡史）

Q86 休職を命じても従わない者は解雇できますか

会社の休職命令に従わずに出勤し、自らの業務を全うできないだけでなく、他の社員の業務遂行に支障を生じさせるメンタル不調の社員を解雇することはできますか。

A 懲戒権の濫用とされる場合もあるので慎重な対応が必要

ポイント 休職命令に従わないなどの業務命令違反や業務妨害といった非違行為時の当該社員の判断能力の有無および程度によっては、懲戒解雇が懲戒権の濫用と判断される可能性があります。また、休職制度を適用せずに普通解雇をするには、休職を経ても回復する見込みがない等の事情が必要です。

1 懲戒解雇の可否

労働者は労働契約上、使用者の指示に従って労務を提供する義務を負っているので、休職命令に従わないなどの業務命令違反や業務妨害等は、懲戒処分の対象となり得ます。

もっとも、このような非違行為がメンタル不調の影響を受けていたと見られる場合、本人の判断能力の有無および程度によっては、懲戒解雇が懲戒権の濫用と判断される可能性があるので、慎重に判断すべきでしょう。

精神疾患により惹起された可能性のある行為だとしても、事理弁識能力[*1]を有する者の行為である以上は、懲戒規定が適用されると判断した事案として、豊田通商事件(平9・7・16 名古屋地判 労判737号70頁)、懲戒処分が有責行為に対する法律上の制裁であることから、当該非違行為が責任能力[*2]を有する状態のもとに行われたことを要するとして、心神喪失状態下の非違行為に対する懲戒免職処分を無効とした事案として、大分県警本部事件(平8・6・3 大分地判 判タ911号96頁)があります。

2　普通解雇の可否

　そこで、次に、「心身の故障のため職務に堪えない」等の解雇事由に基づく普通解雇の可否が問題となります。この点、躁状態等により入院後、軽快して勤務を再開した社員が、その後通院を止め、上司に罵詈雑言を吐くなどしたため、業務に堪えないとしてなされた解雇が有効とされた裁判例（東京合同自動車事件　平9・2・7　東京地判　労経速1655号16頁）もありますが、ご質問のように、休職制度を適用せずに普通解雇とした場合、当該社員の精神疾患が休職を経たとしても回復の見込みがない等の事情がない限りは、解雇権の濫用と判断される可能性があります（躁うつ病の社員について、その症状が治療により回復する可能性がなかったとはいえず、再度の休職を検討するのが相当として、普通解雇が無効とされた事案としてK社事件　平17・2・18　東京地判　労判892号80頁）。

　以上のとおり、懲戒解雇、普通解雇のいずれの場合にもリスクがあることからすると、まずは出勤を拒否したうえで家族や主治医等の協力を仰ぎ、当初の命令どおり休職に入るよう努めるべきと考えます。

（弁護士・本田敦子）

＊1　自分の行為の意味を理解し、その結果について合理的に判断する能力のこと。
＊2　自己の行為が不法な行為であって法律上の責任が生ずることを弁識するに足りるだけの判断能力のこと。

Q87 断続的な欠勤でも休職の命令を可能にするにはどのように規定すればよいですか

現在の休職の要件は1ヵ月以上連続の欠勤であり、断続的な欠勤だと、何ヵ月続いても休職にできずに困っています。どのように規定すればよいですか。

A 通算規定を設ける。ただし、不利益変更であることへの対応が必要

ポイント 欠勤期間の通算規定を設けることが考えられます。ただし、不利益変更に当たる場合がありその場合には変更の必要性および相当性が必要です。

1 通算規定の設定

　就業規則において、一定の欠勤による休職命令の発令、その後、休職期間満了による退職（解雇）を定める事例が見られます。この点、休職に入るうえで必要な欠勤について、一定期間の欠勤継続を要件とした場合、欠勤が断続的になされる限り、休職を命じることができないことになります。

　このような事態に対応するための方法としては、同一または類似の理由による欠勤について、欠勤期間の通算規定を設けることが考えられます。例えば、①休職命令を出す上で欠勤が連続していることを必要とせず通算する規定とすること（「3ヵ月間に、同一または類似する理由による欠勤が通算して60日に達した場合」等）を定めたり、②欠勤が連続していることを必要としつつも、欠勤の中断期間が一定期間未満の場合には、その前後の同一または類似の理由による欠勤を通算し、連続したものとして扱う（例：「欠勤の中断期間が、1ヵ月に満たない場合には、前後の欠勤を通算し連続したものとして扱う」等）ことなどが考えられます。

Q87 断続的な欠勤でも休職の命令を可能にするにはどのように規定すればよいですか

2 不利益変更への対応

　休職事由として上記のような通算規定を就業規則上で新たに設けることは、より休職発令が認められやすくなり労働者にとって不利益な変更となる場合が多く、この場合「就業規則の不利益変更」（労働契約法第10条）にあたり、有効となるためには、変更の必要性および合理性が必要になります。

　この点について参考となる裁判例があり、従前は「欠勤後一旦出勤して3ヵ月以内に再び欠勤するとき」通算するとしていた規定を、「欠勤後一旦出勤して6ヵ月以内または、同一ないし類似の事由により、再び欠勤するとき」は欠勤期間を通算すると変更した事案で、裁判所は、この就業規則の変更は労働者に不利益となるものの、①近時メンタルヘルス等により欠勤する社員が急増し、これらは通常の怪我や疾病と異なり、いったん症状が回復しても再発するケースが多く、現実にも傷病欠勤を繰り返す者が出ていること、②過半数組合から異議がない旨の意見を得ていることを理由に、当該変更には必要性および合理性があると判断しました（野村総合研究所事件　平20・12・19　東京地判 労働経済判例速報2032号3頁）。

　この裁判例からしますと、休職事由として、欠勤の通算規定を新たに設ける場合にも、上記の①、②の事情が認められるケースでは、有効と認められる余地があるのではないかと考えます。

（弁護士・荻谷聡史）

Q88 飲酒運転で交通事故を起こし入院、懲戒解雇を優先できますか

当社の社員が休日に飲酒運転で事故を起こし入院しました。この社員から休職申請が出ていますが、就業規則では飲酒運転を懲戒解雇事由として定めています。懲戒処分を優先させることはできますか。

A 業務災害の場合は解雇制限がかかるので注意を

ポイント 業務災害の場合は解雇制限がかかるので懲戒解雇はできません。業務外であれば事案によって解雇は可能ですが慎重に対処する必要があります。

1 飲酒運転と懲戒処分

近時、飲酒運転により危険な運転を行い重大な死亡事故等を発生させたような事件に対して厳罰化傾向があります。飲酒運転に対して懲戒処分による厳正な態度をとる会社も増えています。

企業の取り得る懲戒処分として典型的なものとしては、懲戒解雇、諭旨解雇などが挙げられます。例えば、地方公共団体などの場合、懲戒免職などの厳重な処分をするための基準を設けているところもあります。

これに対して、一般の企業の場合は若干事情が異なります。まず、飲酒運転が純粋に私生活上の場合、厳しい処分は取りにくくなります。これに対して、業務中に飲酒運転をした場合、あるいはその業務が運送関係である場合、第三者に対して人身事故を発生させてしまった場合などについては懲戒解雇なども考えられますし、そこまでの事情がない場合でも、諭旨解雇という選択肢もあり得ます。

2　休職との関係

　休職との関係で問題となってくるのは、労働基準法第19条第1項が、使用者は、社員が業務上負傷し、または疾病にかかり療養のため休業する期間およびその後の30日間はその社員を解雇しえないと定めていることです。普通解雇のみならず懲戒解雇に相当する理由のある場合でも解雇は禁止されるという判決があります（三栄化工事件　昭51・7・19　横浜地川崎支判）。

　したがって、仮に業務上飲酒運転を行って交通事故を起こし、それにより入院して休業しているような場合、その入院期間および30日間は社員を解雇できません。逆にいえば、その期間が過ぎれば解雇は可能ということになります。

　また、業務上の負傷でないのであれば、解雇期間の制限なく懲戒処分をなしうるでしょう。この点、トラックの運転手が酒気帯び状態で事故を起こしたという場合に、期間内に解雇予告を行って期間経過後に解雇を行ったことを有効とした判決があります（横堀急送事件　昭54・5・31　大阪地決）。

　結論としては、業務上の交通事故で入院しているような場合は労基法第19条の制限がかかりますが、それ以外では、懲戒処分を優先させることも可能です。もっとも、懲戒解雇・諭旨解雇といった処分は重い処分ですので、かかる処分ができる事案なのか、要件を慎重に検討したうえで判断すべきです。

（弁護士・草開文緒）

Q89 似たような症状で休職を繰り返す者にはどのように対処したらよいですか

私傷病で休職した者が復職後も同様の症状で欠勤し、再度の休職を繰り返すことが問題となっています。これにはどう対処したらよいですか。

A 休職の適用対象を厳格に判断するよう規定変更を

ポイント 休職制度について、休職に付さなければならないといった義務規定ではなく、裁量規定にして厳格に運用することで、繰り返し休職に対しては休職させない措置も検討をするべきです。

1 休職を繰り返されることの問題点

休職を経ていったん復職しても、ほどなくして再度、再々度の休職をし、休職の連鎖に入ってしまう従業員というのが、どの企業にも存在します。従業員本人に対する人事労務の管理の観点からも、職場の士気やモラル維持の観点からも、企業として看過できない問題といえるでしょう。

2 どのように対処するか

このような事態が生じることのないよう、企業としては制度面、運用面の双方から対策を講じておく必要があります。

（1）制度面からの対処法

まず、制度面からの対処法として、就業規則における休職規定を工夫することが考えられます。

休職の要件を満たした場合に「必ず休職に付さなければならない。」という義務規定にするのではなく、「休職に付すことができる。」という裁量規定にしておけば、たとえ従業員が休職の要件を満たしたとしても、企業が裁量権を行使して、場合によっては休職に付さないという判断を下すこ

Q89 似たような症状で休職を繰り返す者にはどのように対処したらよいですか

とも可能になるわけです。

　そのうえで、企業が「休職に付さない。」という判断を下した従業員が、休職によらずに欠勤を続けた場合には、当該従業員に対し、普通解雇を含む処遇を検討していくことになるでしょう。

（2）運用面からの対処法

　次に、運用面からの対処法として、休職の要件充足の判定を厳格に行うことが考えられます。

　休職の要件の一つに、一定期間の療養に専念することにより復職の可能性があることが挙げられます。しかし、休職を繰り返す従業員に関していえば、①一定期間の療養に専念したところで実質的には復職を果たしていないということがいえますし、②復職から短期間で、同一あるいは類似疾病での再度休職をするというのであれば、それは結局、前回の疾病が治癒していなかったことを推認させる事実であり、再度、再々度の休職を認めたところで、治癒の見込みがあるのかを疑わせる事実となります。

　そこで再度、再々度の休職にあたっては、休職を認めることで復職の可能性があるのかを、初回休職の際よりも厳格に判定することが許されると考えられます。

　もっとも、このような判定は一義的には医学的判断になりますので、企業としては、主治医や産業医の判断を踏まえて、再度、再々度の休職の是非を決することになるでしょう。

（弁護士・浦辺英明）

Q90 休職期間中の賃金の負担が重いため期間短縮や賃金減額できますか

休職社員の賃金の負担が大きいため、有給の休職期間の短縮や賃金減額する就業規則の変更をする場合には休職中の社員の同意も必要でしょうか。なお、労働協約はありません。

A 原則休職中の社員を含む社員の同意が必要

ポイント 社員の同意が原則必要ですが、同意を得られない場合で就業規則の変更により期間短縮や賃金減額を行う場合には、変更について多数の社員の賛成を得たうえで、現に休職中の社員や私傷病により長期欠勤中の社員については不利益を救済する制度を設ける必要があると考えます。

1 労働条件の不利益変更

労働条件は使用者と従業員の契約により定められているものですから、労働条件の変更は合意により行うのが原則です(労働契約法第6条)。よって、休職期間や休職中の賃金について変更する場合には、原則、休職中の従業員も含めた従業員の同意が必要です。

2 就業規則の不利益変更

合意により変更するのが原則ですが、従業員の同意が得られない場合であっても、「労働者の受ける不利益の程度、労働条件の変更の必要性、変更後の就業規則の内容の相当性、労働組合等との交渉の状況その他の就業規則の変更に係る事情に照らして合理的なものである」場合には、就業規則により労働条件を変更することが可能です(労働契約法第10条)。

3 休職期間短縮・賃金減額変更

そこで、有給となる休職期間の短縮や休職期間中の賃金を減額する変更

を就業規則の変更により行うことが可能か問題となります。

　まず、業務上の必要性についてですが、精神疾患の増加により休職者が急増し、休職制度設計当初想定していた以上の負担をになっている企業は少なくありません。

　他社との競争のために、休職中の社員の支払う賃金を会社のために成果を上げている社員に分配する必要性も認められ、業務上の必要性は肯定できると考えます。

　また、ノーワーク・ノーペイの原則からすれば、本来休職期間に賃金を支払う必要はないのですから、変更後の就業規則の内容自体に相当性はあると考えます。

　次に、不利益の程度ですが、休職制度は解雇猶予措置であるし、休職制度が適用されるのは健康を害するごく一部の社員であり、多くの健康な社員にとって休職期間や休職中の賃金は具体的権利となっていないことからすれば、変更による不利益の程度は、月々支払われる賃金や退職金といった重要な労働条件に比べれば、大きくないといえます。

　しかしながら、有給の期間の短縮や休職中の賃金減額の変更による不利益は小さいとはいえず、特に現に休職中の社員にとっては、不利益は大きいといえます。したがって、変更の合理性を確保するためには、変更について多数の社員の賛成を得たうえで、現に休職中の社員や私傷病により長期欠勤中の社員については変更前の旧規定を適用したり、緩和措置を設けるなどして、不利益を救済する制度を設ける必要があると考えます。

（弁護士・爲近幸恵）

Q91 復職判断時に提出させる診断書の料金は誰が払うべきですか

当社では復職判断時に診断書を提出させていますが、復職希望者に診断書を求めたところ、費用を会社で負担してほしいといわれました。会社が負担しなければならないのでしょうか。

A 復職判断のために提出させる診断書の料金は会社が負担する必要はない

ポイント　社員に、自らが債務の本旨に従った労務提供ができる健康状態に回復したことを明らかにする責任があり、その裏付けとして提出する診断書の費用は本来本人が負担すべきです。

1　従業員の労務提供義務

従業員は使用者に対し、雇用契約の債務の本旨に従い労務を提供する義務を負っています。従業員が私傷病に罹患し、健康時と同様に通常通り業務遂行できない場合には、「雇用契約の債務の本旨に従った労務提供」とはいえず、当該従業員は労務提供義務を履行できていない、債務不履行の状態にあり、使用者はかかる労務提供を受け取る必要はなく、また、賃金を支払う義務はありません。

2　診断書の費用は

従業員が一度、私傷病により完全な労務提供ができない健康状態に陥った場合には、かかる健康状態が継続していると考えるのが通常ですから、完全な労務提供ができる健康状態に回復したのであれば、従業員自らにそのことを明らかにする責任があります。そして、診断書の提出は、従業員が完全な労務提供ができる健康状態にあることを裏付けるために使用者に提出するものですから、その費用は本来従業員本人が負担すべきものであ

ると考えます。

　次に、従業員が復職可能という診断書を提出してきた場合であっても、主治医の診断書は多くの場合、当該従業員の職務内容を認識したうえで記載されているものとはいえないし、従業員や家族の復職の意向を受けてその旨の診断書が作成されることが少なくないため、主治医の意見をそのまま受け入れて復職と判断するのは相当ではありません。

　まず、主治医と面談し、従業員の病状を聴き、職務内容を説明した上で復職可否の意見を聴く必要があります。そして、主治医からの事情聴取の結果をもってしても、復職判断が困難な場合には、当該従業員に産業医や専門医に受診させ、産業医や専門医の意見も聴取したうえで、会社が最終的に復職可否の判断を行うべきです。

　この場合の産業医や専門医の受診費用や意見書作成費用の負担については、会社が従業員の提出した診断書の内容だけでは判断できないことから従業員に命じて受診させるものですから、会社が負担すべきと考えます。

　なお、主治医から復職可の診断がなされている場合に、産業医等の意見を聴くことなく会社が復職不可と判断し退職させると、当該退職は無効と判断されるリスクがありますが、会社が費用を負担して従業員に産業医等に受診するよう命じたにもかかわらず、産業医等に受診しない場合には、かかる事実と主治医の事情聴取結果を考慮して、最終的に復職不可と判断することはあり得ると考えます。

（弁護士・爲近幸恵）

Q92 復職後残業のない部署・業務への配転により基本給を引き下げることが可能ですか

　１年間休職した社員が復職するのですが、休職前の部署は残業が多いため、復職後すぐに残業をさせて再び体調が悪くなるのではないか心配です。そこで、残業のない部署や業務に配転することを考えているのですが、その場合、業務に見合った基本給に引き下げることはできますか。

A　一方的に基本給を引き下げることはできない

ポイント　職務給制度でない場合は当然に、職務給制度が採用されている場合でも所定内賃金である基本給を一方的に引き下げることはできません。

1　復職者の配置について

　使用者は、多くの場合、就業規則において「業務上の必要がある場合には、異動を命じることがある」と定めており、従業員に対し、職種変更や転勤について命令権を有しています。そして、業務上の必要性が存しない場合や、業務上の必要性が存する場合であっても不当な動機・目的をもってなされたものであるときもしくは労働者に対し通常甘受すべき程度を著しく超える不利益を負わせるものでない限り、配転命令は有効であると解されています。

　休職者の復職については、原職に復帰させるのが原則ですが、長期間休職していた者に復職直後から長時間残業させると病気が再発する可能性が高まります。そこで、復職者の体調に配慮して、復職後しばらくの間残業をさせない部署や業務に配置させることがあり、これについては業務上の必要性は認められると考えます。よって、職種や勤務地が特定されている者でなく、また、当該復職者に対し通常甘受すべき程度を著しく超える不利益を負わせるような事情がない限り、本人が拒否したとしても、使用者

Q92 復職後残業のない部署・業務への配転により基本給を引き下げることが可能ですか

の命令により配置させることは可能です。

2 基本給引下げについて

　残業がない業務や部署に配置させた場合に、その業務に見合った基本給に引き下げることができるかという問題があります。

　この点、業務の内容に応じて基本給が設定されている職務給制度を採用している会社の場合には、配置後の業務の内容に応じた職務給に変更することも考えられますが、復職前の部署であっても一定期間について残業をさせない配慮をすることもできるはずであり、その場合には所定内賃金である基本給は引き下げられないことを考えると、基本給が下がるような配転命令に業務上の必要性が認められない可能性があると考えます。

　また、職務給制度を採用していない場合には、職務内容にかかわらず、賃金額が労働契約の内容になっており、賃金は従業員にとって重要な権利であることから、基本的には一方的に引き下げることはできません。

　仮に復職前の業務をさせられないという特段の事情があり、残業のない業務に見合った基本給に変更したいという場合には、復職時に復職者との間で、復職後の業務について一定期間配慮することおよびその場合の賃金額についても同意しておくことが必要と考えます。

（弁護士・爲近幸恵）

Q93 ボランティア休暇制度の適用を制限できますか

ボランティア休暇制度がある場合に従業員から請求されたら、どんなボランティアでも認めなければならないのでしょうか。

A　ボランティア休暇は使用者が自由に設計可能

ポイント　ルールを決めて就業規則に規定するとその内容が合理的な場合には労働契約の内容となるので、規定に従い、従業員に取得させる必要があります。

1　休暇制度について

　労働条件は使用者と労働者との間の雇用契約の内容により決定されるのが原則です。しかしながら、労働者は使用者に比べ弱い立場にあることから、労働者保護の観点で、一部法により規制されています。これについて、例えば、休暇に関しては、年次有給休暇（法第39条）、産前産後休業（法第65条）、生理休暇（法第68条）などは労基法で定める基準以上の労働条件を定めなければなりません。

　このように法律で内容が規制されているもの以外については、使用者は休暇を付与するか否か、休暇の内容、休暇の対象者、休暇の付与条件等、その内容を自由に設計できます。ただし、休暇の内容が公序良俗に違反する場合には違法となります。

　この点、ボランティア休暇は法律上付与しなければならない休暇ではないため使用者が自由に設計できます。よって、ボランティア休暇を取得できるボランティアの種類を限定することも可能です。

2　休暇のルールの明確化

　ボランティア休暇を制度として従業員に対し周知している場合には、取

得条件や手続き等をめぐってトラブルにならないように、そのルールを就業規則に明確に規定しておくのが適切です。つまり、休暇の取得要件（適用対象者（「勤続3年以上の正社員」等）、どのような事由があるときに取得できるか、出勤率要件（「前年度の出勤率が80％を超える場合」等）、休暇の日数、取得手続き等を定める必要があります。

　例えば、ボランティアの種類を限定する場合には、「ボランティア休暇の対象となるボランティア活動は、次に掲げるものとする。ただし、原則として日本国内において活動するものに限る。①地域貢献活動、②社会福祉活動、③災害地域復興支援活動」といった規定が考えられます。

　また、従業員からの申請があっても、会社の業務の運営に支障がある場合には取得されると困りますので、会社が承認した場合に限り取得できるという制度にするのが労務管理上適切と考えます。

　そして、休暇中の賃金については、ノーワーク・ノーペイの原則から原則無給ですが、後でトラブルに巻き込まれないよう、あらかじめ賃金の支給の有無についても規定するのがよいでしょう。

　就業規則に規定すると、その内容が合理的である場合には、労働契約の内容となり、使用者はそのルールに従って休暇を付与する義務が生じ、その基準を下回る労働条件の合意は無効となります。そして、従業員にとって不利益に休暇制度を変更する場合には、従業員の同意がない限り変更の合理性が必要となるため、新設する際に会社に負担にならないような制度にしておくのが重要です。

　なお、休暇については、制度を設けている場合には、必ず就業規則でその制度について具体的に記載しなければならないとされています（労基法第89条第1号）。

（弁護士・爲近幸恵）

Q94 裁判員休職制度を設ける必要はありますか

当社には、現在、公職休職がありますが、これとは別に裁判員休職も必要でしょうか。

A 別途裁判員休職制度を新設することは必須ではない

ポイント 裁判員休職制度の新設は必須ではありませんが、事前の報告義務や事後の出頭証明書等の提出義務、賃金の支給の有無、支給額について規定しておくのが適切です。

1 裁判員制度について

裁判員制度とは、一定の刑事事件について、国民が裁判員として刑事裁判に参加し、裁判官とともに審理を行う制度です。

裁判員として刑事裁判に参加することは、労基法第7条の「公の職務」に該当しますので、使用者は、裁判員候補者または裁判員に選任された従業員が、その公職を執行するのに必要な時間を公職の執行に使うことを認めれば足り、また、設問の場合、公職休職があり、裁判員に選任された場合には同休職を利用できますので、別途裁判員休職制度を新設することは必須ではありません。

しかし、裁判員は他の公職と比較して選任される可能性が高く、事件によっては6日を超える場合もあります。そこで、従業員が裁判員候補者や裁判員（補充裁判員も含みます。以下同様。）に選任される場合に備えて、使用者は請求手続きや給与についてあらかじめ決めておくことが適切です。

2 裁判員選任報告義務等

まず、業務の調整等の関係上、使用者としてはできるだけ早く裁判員候補者となったことについて報告させる必要があります。この点、行政も、

使用者が従業員が裁判員や裁判員候補者に選任されたことによって、一定の期間業務に従事できなくなることに伴って、従業員の勤務体制の変更等を行う必要があるなど、合理的な必要性があることに基づき、その必要性の範囲内で、①裁判員候補者名簿記載通知を受けたこと、②裁判員候補者として呼出しを受けたこと、③裁判員に選任されたことについて報告を義務づける場合には、その義務づけ自体が裁判員法に違反することにはならないと解しています。

　また、虚偽の請求を防ぐためにも、裁判員候補者または裁判員に選任され、実際に裁判所に出頭したことを証明する書面を提出させるのが労務管理上適切です。このような観点からすれば、公職休職とは別に裁判員休職制度を設け、就業規則において、裁判員候補者に選任されたこと等の報告や証明書類の提出を義務づける定めをおくことも考えられます。

3　休職中の賃金

　休職中はノーワーク・ノーペイの原則から無給で構いませんが、有給にする場合には、その支払額を明確にしておく必要があります。裁判員候補者に選任され選任手続きに参加した場合や裁判員に選任され審理に参加した場合には、それぞれ裁判所から日当が支給されます。そこで、賃金を支払う場合であっても、裁判所から支給される日当とあわせて、通常支払われる賃金を保証するということも考えられます。

（弁護士・爲近幸恵）

ひとくちメモ　●公民権の行使
　労働基準法第7条では「使用者は、労働者が労働時間中に、選挙権その他公民としての権利を行使し、又は公の職務を執行するために必要な時間を請求した場合においては、拒んではならない。但し、権利の行使又は公の職務の執行に妨げがない限り、請求された時刻を変更することができる。」と定められていて、公民権の行使は認めなければなりません。

Q95 組合から組合専従休職者に賃金を支給してほしいと要望されたのですが

組合専従休職者に賃金を支給するのは問題でしょうか。

A 不当労働行為に該当する可能性高く支給すべきではない

ポイント 専ら労働組合の業務に従事する専従休職者に対して賃金を支給することは、労組法7条3号の「経費援助」に該当し、不当労働行為になるため、支給すべきではないと考えます。

1 「経費援助」の禁止

憲法第28条において、勤労者の団結権、団体交渉権その他の団体行動をする権利を保障しており、労働組合法第7条において、これらの権利を具体的に保障し、使用者に対して一定の行為を行うことを禁止して、労働組合活動の自由に対する使用者からの侵害を防止し、労働組合の自主性を確保しています。その禁止事項の一つに、「労働組合の運営のための経費の支払につき経理上の援助を与えること」（同条第3号）があります。設問の、組合専従休職者に賃金を支給するというのは、これに該当するおそれがあります。

まず、「労働組合の運営のための経費」とは、労働組合の諸活動を行うについて必要なあらゆる経費をいうと解されています。これについて、組合専従休職者は専ら労働組合の業務に従事するものですから、それらの給与、諸手当等もこれに該当します。

次に、「使用者の経理上の援助」とは、上記組合運営のための経費の支払いについて、使用者がその経費の一部または全部を負担することをいうと解されています。

Q95 組合から組合専従休職者に賃金を支給してほしいと要望されたのですが

2 7条3号の例外に該当するか

　この点、「労働者が労働時間中に時間又は賃金を失うことなく使用者と協議し、又は交渉することを使用者が許すことを妨げるものではな」いなど（同法7条3号但書）、法律上適用除外が定められているところ、これを限定列挙と解し、経費援助が不当労働行為に該当するか否かについては、それが現実に労働組合の自主性を喪失させる可能性をもつか否か、使用者がいかなる意図に基づいて援助を行っているか、等の事情を考慮して実質的に判断すべきであり、在籍専従者に対して使用者が一定の給与を負担しても不当労働行為には該当しない場合があるとする見解もあります。

　しかしながら、労組法第7条第3号の例外は、組合活動をするに当たって、労働組合の独立性や自主性を損なわない程度における必要最小限の利益供与を認めたものであり、その独立性や自主性について判断するに際しては、当該経費援助の性質や内容、金額等の程度、それが実施されるに至った経緯等を考慮しつつも厳格に判断されるべきものと考えます。

　とすれば同条号の例示事由は社会通念上相当といえる範囲における例外を定めていると考えるべきで、当該例示事由に準じて例外の許容性を判断すべきです。この点、専ら労働組合の業務に従事する専従休職者に対する給与の支給は、組合の独立性、自主性の観点から、上記例外には該当しないと考えられますので、組合からの要望があっても支給すべきではないと考えます。

（弁護士・爲近幸恵）

ひとくちメモ　●不当労働行為

　労働組合法第7条で、使用者がしてはならないことと定められている行為をいいます。
　具体的には、①労働者が労働組合を結成しようとしたことや組合活動をしたことを理由とする解雇など不利益取扱い、②正当な理由なく団体交渉を拒むこと、③労働組合の結成や運営を支配し若しくは介入することまたは経理上の援助を与えること、④労働者が労働委員会に違反の申立てをしたことなどを理由に不利益な取扱いをすること——をいいます。

Q96 病気休職者から年休を請求されたが与えなければなりませんか

病気休職している社員から年休を請求されましたが、年休を与えなければならないのでしょうか。当社では休職中は無給と規定しており、仮に年休を与えるとなると有給になるのでしょうか。

A 休職命令に基づき労働義務が免除されていれば年休の余地はない

ポイント 病気欠勤中であれば、年休の請求があれば与えなければなりませんが、休職発令により労働義務が免除されていれば、年休請求の余地はなく与える義務はありません。

1 年次有給休暇の取得要件、意義

年次有給休暇（以下、「年休」といいます）は、雇入れの日から起算して6ヵ月間継続勤務し、全労働日の8割以上出勤した労働者が、労働日について賃金の支払いを受けつつ労働義務を免除されるという制度のことです。

このように、年休は、労働者が「労働義務を負っている日」について労働義務を免除されるということが当然の前提となっています。したがって、休職者の場合等、そもそも労働義務を負っていない期間について年休取得を請求されたとしても、労働義務を免れるための年休取得ということを想定できないのですから、年休請求権は発生しません。

2 病気休職の場合の考え方

このように、労働義務を負わない日には年休を取得できないことが前提となります。そのうえで、労働者が病気により会社を休業している場合に、会社からの休職の発令による休業なのか否かにより、年休取得請求ができるか否かが異なるというのが、厚労省の通達の考え方です（昭24・12・28

Q96 病気休職者から年休を請求されたが与えなければなりませんか

基発第1456号、昭31・2・13 基収第489号)。

　通達では、①負傷または疾病等により長期休業中の者が、休業期間中に年次有給休暇を請求したときは、年次有給休暇を労働者が病気欠勤等に充用することが許されることから、このような労働者に対して請求があれば年次有給休暇を与えなければならない、とされています。

　一方、②休職発令により従来配属されていた所属を離れ、以後は単に会社に席があるにとどまり、会社に対して全く労働の義務が免除されることとなる場合において、休職発令された者が年次有給休暇を請求したときは、労働義務がない日について年次有給休暇を請求する余地がないことから、これらの休職者は、年次有給休暇請求権の行使ができない、とされていました。

　このように、会社から休職発令が出ている場合には、休職期間中は、労働者は労働義務を免れていることから、年休取得という概念をそもそも想定できません。したがって、年休を付与しなくてもかまいません。

　これに対して、病気により長期休業中の者が年休の取得を請求した場合には、休んでいる期間については労働義務を免れているわけではないことから、請求された場合については年休を付与しなければならず、有給とすべきです。

（弁護士・草開文緒）

Q97 病気休職者でも産前産後休業、育児休業を請求できますか

うつ病で休職中の社員から産前休業の請求がありました。今後、申出に応じて産前産後休業、育児休業を取得させなければならないのですか。

A 法定の制度なので休職中でも請求できる

ポイント 私傷病休職中の者でも産前産後休業、育児休業を取得することができます。その場合、出産手当金については支給調整がされます。

1 私傷病休職

私傷病休職については、法律上の定めはなく、その有無や内容（休職要件、休職期間、復職要件等）については、就業規則等で定められることによって、労働条件となります。私傷病休職期間中は、就労不能であり、給与の支払いがなければ、休職後3日間の待期期間の後4日目以降、最長1年6ヵ月間（その間に復職した期間があった場合、復職期間を算入する）、標準報酬日額の3分の2の傷病手当金が支給されます。

2 産前産後休業

産前産後休業は労基法に定めがあります。使用者は産前休業は労働者の請求に応じて与え、産後休業は原則として必ず与える必要があります（労基法第65条第1項、第2項）。産前産後休業期間中は無給でも構わないとされています。しかし、出産日以前42日（多胎妊娠の場合は98日）から出産日の翌日以降56日までの範囲内で1日につき標準報酬日額の3分の2に相当する額の出産手当金が支払われます。また、産前産後休業の間およびその後30日間は解雇が禁止されています（労基法第19条）。

3　育児休業

　労働者は男女を問わず、1歳未満の子を養育するために育児休業を申し出ることができるとされています（育児・介護休業法第5条第1項）。事業主は、労働者が育児休業申出をし、または育児休業をしたことを理由として、解雇その他不利益取扱いをしてはならないとされています（育介法第10条）。育児休業期間中は、子が1歳または1歳2ヵ月（父母がともに育児休業を取得する場合）になるまで、就業日数が各支給単位期間ごとに10日以下であり、1ヵ月ごとに休業開始前の賃金の8割以上の賃金が支払われていない場合は、休業開始時賃金日額×支給日数×67％（当初6ヵ月、その後は50％）相当額の育児休業給付金が支給されます。

4　それぞれの関係

　前述のとおり、私傷病休職は就業規則上の制度ですが、産前産後休業、育児休業は法定の制度であり、それぞれ労働義務の免除のみならず、解雇制限や不利益取扱いの禁止等が定められています。

　そのため、私傷病休職期間中であっても、労働者は産前産後休業および育児休業を取得して、労基法上および育児・介護休業法上の保護を受けることができます。

　傷病手当金と出産手当金を同時に受けられる場合は出産手当金が優先して支給されるという支給調整がありますが、傷病手当金と育児休業給付との間にはこのような支給調整はありません。

（弁護士・藤原宇基）

Q98 メンタル疾患休職者が休職時の約束を守らないが懲戒処分できますか

メンタル疾患で休職した者が、休職後、医療機関を受診せず、休職時に約束した会社への定期報告もしていません。懲戒処分できるでしょうか。

A　助言、指導ではなく業務命令に違反した場合は可能

ポイント　助言、指導ではなく業務命令に違反した場合は可能です。就業規則の懲戒規定に「業務命令に違反する場合」を掲げておくことが前提です。

1　休職時の約束の必要性

企業としては、従業員のメンタル疾患を理由に休職させる場合には、一刻も早い治癒と職場復帰を期待するのが当然であり、従業員本人に対して、一刻も早い治癒に資するような生活を送ることを期待することも当然のことです。

また、企業としては、従業員の症状の遷移や回復具合その他健康状態について適時に把握しておく必要があることも当然のことです。

企業が、休職に入る従業員に対して、病院にて受診をすること、会社への定期報告を約束させることは、その頻度や態様が相当なものである限り、許容されるといえるでしょう。

2　約束違反に対する対応

そのような約束がなされたにもかかわらず、従業員が受診を怠ったり、会社への定期報告をないがしろにすることを看過することはできません。

従業員に対しては指導を徹底することが考えられますが、それでも従業員の態度が改善しない場合、懲戒処分を課すことができるかが問題になり

ます。

　懲戒処分を課すためには、受診することや、会社への定期報告を行うことを業務命令として指示しておくことが必要になるでしょう。単なる助言や指導にとどまる限り、それに違反したとしても懲戒処分まで課すことは難しいと考えられます。

　もっとも、メンタル疾患ゆえに外出が困難であったり、会社への報告ができないような心理的物理的な理由が存するような場合もあり得るため、受診をしなかった理由や定期報告をしなかった事情については従業員本人からヒアリングを行うなど、弁明の機会を与えるべきでしょう。

3　療養専念義務に関する規定

　就業規則の休業規定のなかに「休職中は療養に専念し、適時適切な受診をするとともに、会社に対する定期的な状況報告を行うものとする。」といった文言の療養専念義務に関する規定を盛り込んでおくとより効果的でしょう。そのうえで、懲戒規定のなかに、本規定違反の場合には懲戒処分を課すことができる旨規定しておけば、違反者に対する懲戒処分を行うことも可能になります。

　なお、メンタル疾患により休職中の従業員が趣味や遊びに精を出していることが怪しからんとして懲戒処分を行う例がありますが、趣味や遊びがメンタルを癒し、リハビリ効果をもたらすケースもありますので、事情を慎重に吟味する必要があるでしょう。

（弁護士・浦辺英明）

ひとくちメモ

●懲戒

　労働契約法第15条では、懲戒について「使用者が労働者を懲戒することができる場合において、当該懲戒が、当該懲戒に係る労働者の行為の性質及び態様その他の事情に照らして、客観的に合理的な理由を欠き、社会通念上相当であると認められない場合は、その権利を濫用したものとして、当該懲戒は、無効とする。」と定められています。なお、労働基準法第89条第9号では「制裁」について、定めがある場合は就業規則に記載することを義務づけています。

Q99 私傷病休職者が遊興していたが賃金減額はできますか

私傷病休職者であっても就業規則に基づき1年間賃金を支給していたところ、メンタル疾患休職者が通院もせず遊興していることが発覚しました。減給処分などで賃金を減額できますか。

A 療養に支障がある遊興であれば懲戒処分は可能

ポイント 療養に支障がある遊興を行った場合には、懲戒処分の減給処分として賃金を減額する余地があります。

1 懲戒処分の可否

私傷病休職制度とは、一般には、労働者が私傷病により労務の提供が不能となった場合に、一定期間労働義務を免除し、この期間中に私傷病が治癒すれば復帰させ、治癒しなければ退職または解雇する制度であり、一定期間療養の機会を与えて解雇を猶予することを目的としています。

このような目的に基づいて私傷病休職制度が定められていることを前提とすると、休職中の労働者は療養義務を負うと解され、療養に支障が生じる行為を行った場合には同義務に違反したものとして、法規制（労契法第15条、労基法第91条）の範囲内で、懲戒処分を科す余地があると考えます。

この点、裁判例として、配転命令拒否および私傷病休職中の行動等を理由とする解雇の有効性が争われた事案において、「被告（筆者注：使用者）が原告（筆者注：労働者）に満額の賃金を支給しながら私傷病欠勤を認めている趣旨は、原告が療養に専念できるための環境を経済面で整え、療養を支援する趣旨以外には考えられない。このことからすれば、療養専念義務という法的義務が観念し得るかは別としても、原告は、休職期間中、前記の趣旨を踏まえた生活を送ることが望ましいというべきであるから、原告がかかる趣旨に反した行動を取った場合に、そのことに対する就業規則

に則した服務規律違反が問われることはやむを得ない。」とし、解雇を有効としたものがあり、参考になります（マガジンハウス事件　平20・3・10　東京地判　労経速2000号26頁）。

2　本件について

　本件でも、私傷病休職中に遊興していたことによって療養に支障が生じた場合には、療養義務に違反したものとして、懲戒処分を科すことができると考えられ、その支障の程度によっては、懲戒処分の種類として減給処分を選択し賃金を減額する余地もあると考えます。ただし、精神的疾患の場合には飲み会や宿泊を伴う旅行などといった遊興が、むしろ療養に資する場合もあることからすると、当該遊興が療養に支障が生じたと言い得るかは慎重に検討する必要があると考えます。

　なお、私傷病休職中の賃金について、就業規則で療養に支障がある遊興を行った場合にはそれ以後の休職期間中の賃金を減額する旨を定めた場合には、懲戒処分を科さずとも同規則に基づいて賃金減額することが可能と考えます。

（弁護士・荻谷聡史）

Q100 私傷病休職者が会社に無断でアルバイトしていたが解雇できますか

私傷病で休職している者が、休職期間中に、会社に無断でアルバイトを行っていたことが明らかになりました。当社としては懲戒解雇を考えていますが、可能でしょうか。

A 兼業の目的や態様などから職場秩序への影響考慮を

ポイント 当該兼業によって生じる会社の職場秩序への影響や労務提供への支障が、懲戒解雇に相当するほど重大なものかについて、兼業の目的、態様および期間などから、慎重に判断することになります。

1 兼業の禁止

就業規則で兼業を懲戒事由として掲げている場合には、他社での就業は懲戒の対象となり得ます。

もっとも兼業は、本来は使用者の労働契約上の権限が及ばない私生活の行為であることからすると、兼業の目的、態様、期間などからして、会社の職場秩序に影響が生じたり、または労務提供に支障を生ぜしめた場合に限り、懲戒事由になり得ると考えます。

この点、私傷病休職中は療養義務を負っていると解されるところ（Q99参照）、私傷病休職中に兼業した場合には同義務違反も生じる点で、休職期間外に兼業を行った場合と比べて兼業の態様として問題があると考えます。もっとも、懲戒処分の種類として懲戒解雇を選択するには、さらに慎重な検討が必要になります。

2 裁判例

この点、参考となる裁判例を挙げます。まず休職中にオートバイ販売店を開店したことが就業規則で禁止されている二重就職に当たるとして懲戒

解雇された事案で裁判所は、「本件オートバイ店は、原告が、家族の生活を維持するために、自ら開店、経営し、原告の労働力なしではその営業が成り立たないものであり、原告には、長期にわたる経営意思があって、もはや、今後、被告において就労する意思はなかったものと認めるのが相当である。」と事実認定したうえで「会社の職場秩序に影響し、かつ被告従業員の地位と両立することのできない程度・態様のもの」として、懲戒解雇事由に当たると判断しています（ジャムコ立川工場事件 平17・3・16 東京地八王子支判 労判893号65頁）。

他方で、約3ヵ月間の病気欠勤中に競業会社で何回か作業を行ったことで懲戒解雇された事案で裁判所は、「元の同僚のところへ遊びに行き、その機会に仕事を手伝った程度であり、また、原告は被告会社においてその機密事項を扱う立場になかったこと」を挙げて、懲戒解雇事由に該当しないと判断しました（東版事件 昭59・2・28 東京地判 労経速1184号17頁）。

以上の裁判例からしても、私傷病休職期間中の兼業による懲戒解雇の有効性については、兼業の目的、態様および期間などから、会社の職場秩序への影響や労務提供への支障が懲戒解雇に相当するほど重大なものか慎重に判断する必要があると考えます。

（弁護士・荻谷聡史）

Q101 休職無効の仮処分が申し立てられましたが、どうなるのですか

私傷病により休職中の社員の復職を認めなかったところ、休職命令の無効を理由とする仮処分を申し立てられましたが、認められるとどうなるのでしょうか。

A 休職命令後の賃金の仮払が認められる可能性がある

ポイント 休職命令が無効と判断された場合は、一定期間、賃金の仮払（注：全額とは限らない）が命じられる可能性が高いです。

1 休職命令の無効確認

私傷病休職制度は、就業規則等で制度化され、一般的には、休職事由が消滅することなく休職期間が満了すると自動退職・解雇となるなど、解雇猶予の機能を有すると解されます。また、休職期間中は、賃金が不支給となるほか、退職金の額の算定根拠となる勤続年数に算入されない等の取扱いが多く見られます。

本問のように、休職中の社員の復職を認めなかった場合は、休職期間満了による退職・解雇の効力が争われることが多いですが（独立行政法人N事件　平成16・3・26　東京地判　労判876号56頁等）、休職がその間の賃金不支給のほか、将来の退職金の額、退職金受給期間などの点で労働者に具体的不利益をもたらすことから、休職命令自体の有効性が争われることもあります。

この点、裁判所は、労働者が休職により前記のような具体的不利益を被ることを理由に、休職命令の無効確認を求める法律上の利益があるとして、就業規則等で定められた休職事由を満たさずに行われた休職命令を無効と判断しています（富国生命保険（第1回、第2回休職命令）事件　平6・5・25　東京地八王子支判　労判666号54頁、〈同控訴審・平7・8・30　東

Q101 休職無効の仮処分が申し立てられましたが、どうなるのですか

京高判　労判684号39頁〉、このほか、私傷病休職以外の休職命令を無効と判断した事案として、クレディ・スイス証券事件　平24・1・23　東京地判　労判1047号74頁）。

2　仮処分命令の内容

本問では、休職命令の無効を理由とする仮処分が申し立てられていますが、具体的な申立内容としては、休職命令の仮の効力停止、月例賃金および賞与の仮払が考えられます。

そして、休職命令が無効と判断された場合、賃金が労働者の唯一の生活手段であり、生活が困窮しているなど保全の必要性が認められれば、月例賃金の仮払は認められますが、金額は原則として標準生活費の範囲内とされるほか、支払期間も、将来分について1年とするのが東京地裁労働部の原則的な運用であり、過去分については原則として保全の必要性がないと解されています（白石哲編著「労働関係訴訟の実務」（商事法務）490～493頁）。

また、休職命令の仮の効力停止や賞与の仮払については、労働者に就労請求権がないことや賃金仮払が認められることに照らすと、保全の必要性があるとは言い難く、認められないと考えます（同旨の事案として、平15・3・28　東京地決　判例集未登載）。

（弁護士・本田敦子）

◆ 参考文献 ◆
白石哲編著「労働関係訴訟の実務」（商事法務）490～493頁

6　出張・転勤の実務

Q102　出張業務と外勤業務はどう違うのですか

　当社では、賃金規程で、片道100キロ以上の移動は「出張」として出張手当を支給しています。他方、片道100キロ未満の移動は「外勤」として一切手当を支給しません。当社ではこのように手当支給の取扱いが異なるのは、そもそも法律上で「出張手当」の取扱いと「外勤手当」の取扱いが違うからなのでしょうか。また、100キロ以上の出張をする者が一部の社員に偏っていて不公平だと思うのですが、問題はないのでしょうか。さらに、このような偏りを解消するために出張手当を廃止することはできるのでしょうか。

A　法的な定義や違いはなく企業内の制度による

ポイント　出張は通常の勤務場所を離れ、用務地で業務を処理すること。外勤は事業場施設の外で業務に従事することで法律上の違いはなく、企業の制度の違いによります。

1　法律上の規制はない

　出張とは一般的に、特定の業務を処理するため、通常の勤務場所を一時的に離れ、用務地に赴き、そこで指示された特定の業務を処理することをいいます。他方、外勤とは一般的に、労働時間の全部または一部について事業場施設の外で業務に従事することをいいます（事業場外労働のみなし制参照）。

　まず、「出張手当」の取扱いや「外勤手当」の取扱いが労基法をはじめとした法律で規定されているかについてですが、「出張手当」や「外勤手当」について、法律上、一切規定されていませんし、そもそも出張と外勤自体が法律上、何ら規定されていません。よって、出張に対して手当を支給し、

他方、外勤に対して手当を支給しないことは法律上の違いによるものではありません。

では、貴社のように出張に対して手当を支給し、他方、外勤に対して手当を支給しないことが許されるのかについて、まず法律上は、前述のとおり、出張手当や外勤手当について規定されておらず、このような手当を創るかは使用者の裁量に委ねられています。よって、結果的に出張をする者が一部の社員に偏っていることにより、この人達だけに手当が支給されていることは事実上、不公平だとしても特に問題ありません。

2 対象者が偏っても法的に問題ない

次に、賃金規程に規定された出張手当を廃止できるかについてですが、すでに労働契約の内容となり、また、不利益な変更となることから、原則として、各々の社員との合意によって廃止しなければなりません（労働契約法第8、第9条）。ただし、例外的に当該廃止が労働者の受ける不利益の程度、労働条件の変更の必要性、変更後の就業規則の内容の相当性、労働組合等との交渉の状況その他の賃金規程の変更に係る事情に照らして合理的なものであるときは許されます（同法第10条）。

なお本件において、一部の社員に偏って不公平だとの理由だけで出張手当を廃止するのであればこの廃止は無効になるでしょう。

（弁護士・江畠健彦）

Q103 出張中の移動時間は労働時間ですか

私は大阪営業所に勤務していますが、毎月1回、月曜日の朝9時から東京本社でミーティングがあるため、本来休日である日曜日の夜のうちに大阪から東京に新幹線で移動しています。このような出張のための、大阪から東京までの移動時間は労働時間なのではないでしょうか。

A 出張中でも指揮命令下に置かれていると評価される時間が労働時間

ポイント 出張中であっても労働時間は使用者の指揮命令下にあると評価される時間で、それぞれの事案ごとに判断されることになります。

1 業務の義務づけなどから判断

出張のための移動時間が労働時間に当たるかどうかは、「労働時間」(実労働時間)(労基法第32条)の解釈の問題となります。最高裁はこの「労働時間」を「労働者が使用者の指揮命令下に置かれている時間」のことをいうとし、「右の労働時間に該当するか否かは、労働者の行為が使用者の指揮命令下に置かれたものと評価することができるか否かにより客観的に定まるものであって、労働契約、就業規則、労働協約等の定めのいかんにより決定されるべきものではないと解するのが相当である」と判示しました(平12・3・9三菱重工事件)。

すなわち、「労働時間」に該当するか否かは使用者の指揮命令下に置かれた時間かそれぞれの事案に応じて個別的・具体的に検討することが必要となります。

そして最高裁は、所定労働時間外の準備行為等の労働時間制が問題となった事件で、「労働者が就業を命じられた業務の準備行為等を事業場内において行うことを使用者から義務付けられ、又はこれを余儀なくされた

ときは、当該行為を所定労働時間外において行うものとされている場合であっても、当該行為は特段の事情のない限り、使用者の指揮命令下に置かれたものと評価することができ、当該行為に要した時間は、それが社会通念上必要と認められるものである限り、労働基準法上の労働時間に該当すると解される」と判断し、使用者からの積極的な業務遂行の義務づけの有無、および事業所内という場所的拘束性の有無の2点を判断基準とし、いずれの基準も満たした場合に当該行為に要した時間が労働時間にあたると判示しました。

　ちなみに、前述した1点目の判断基準である業務遂行の義務づけには、使用者から明示的な命令がある場合、黙示的な命令がある場合、および余儀なくされた場合があると考えられます。

　とすると、本件の出張のための移動は、所定労働時間外の行為なので、前述の2点の判断基準を満たしているか否かで判断します。

2　移動時間は労働時間でない

　次に出張の移動時間中に業務遂行の義務づけがなされているか否かですが、出張時間中は労働者が自由に過ごせますので、貴重品の運搬などの義務づけが別途なされているような特段の事情のない限り、業務遂行の義務づけはないといえます。

　よって、本事案の出張のための移動時間は、原則として「労働時間」に当たりません。

　ただし、出張のための移動時間が労働時間に当たらないからといって、毎週のように休日の夜に出張を命ずることは出張命令の濫用として無効となる可能性がありますので、出張手当を付与したり、出張回数を制限したり、代休を付与したりするなど、労働者の健康に配慮をするなどの形で出張を命ずる必要があると考えます。

（弁護士・江畠健彦）

Q104 出張拒否にどのように対応すべきですか

出張を命じても特に理由もなく「出張に行きたくない」といって断る社員がいます。このように出張を拒否する社員に対してどのように対応すればよいのでしょうか。また、育児中の社員が宿泊を伴う出張を拒否したのですが、育児・介護休業法で出張規制のような規定があるのでしょうか。

A 特段の理由なく出張命令を拒否する場合は懲戒処分も

ポイント 労働契約で出張しないなどの特別な合意がなければ命令は可能ですし、特段の事情なく拒否すれば懲戒処分の対象となります。

1 特段の規定なくとも命令権

　出張とは、Q102で説明したとおり、一般的には特定の業務を処理するため、通常の勤務場所を一時的に離れ、用務地に赴き、そこで指示された特定の業務を処理することをいいます。貴社の就業規則で出張命令について規定されているかどうかが不明ではありますが、出張は通常の勤務場所に早期に復帰することが前提となっていますので、転勤とは異なり労働契約の内容に変更を来しません。よって、使用者は就業規則などに特段の規定がなくても、労働契約を根拠に業務命令として一方的に出張を命じる権限を有しています。ただし、労働契約で「出張をしない」という特別な合意をしているような特段の事情があれば、一方的に出張は命じられません。

　よって本件でも、このような合意がないにもかかわらず、「出張に行きたくない」といって拒否するのは出張（業務）命令違反となります。

　では、出張命令違反の社員に対してどのように対応をするかですが、懲戒処分をすることになります。そしてその種類ですが、これは貴社での他の業務命令違反とのバランスを考えなければならず、一概にはいえません

が、出張は転勤と異なり、一時的な勤務場所の変更に過ぎませんから、懲戒との不利益面の比較や使用者の業務上の支障の程度に鑑みると、労働契約の解消、すなわち懲戒解雇や諭旨解雇は重すぎるでしょう。

よって本件でも、貴社の他事例とのバランスに配慮したうえで、懲戒処分をすべきでしょう。

2　育児中の社員は不利益の考慮を

他方、育児中の社員が宿泊を伴う出張を拒否したことへの対応ですが、前述したとおり、労働契約で「出張しない」という特別な合意をしていたり、当該社員以外に子供の面倒を見る人がいないうえに、まだ1人で食事ができず、生命の危機すらあることから、宿泊を伴う出張が「通常甘受すべき程度を著しく超える不利益」といえるような特段の事情があれば一方的に出張は命じられません。

また、「通常甘受すべき程度を著しく超える不利益」といえるような特段の事情がない場合であっても、会社は当該社員と、当該社員に代わって面倒を見る配偶者、両親、託児所等がいるのかどうかなどについて、十分な話し合いをしないと出張命令が濫用となる可能性もあります。

では、育児・介護休業法で出張への規制があるかについてですが、同法第26条で転勤をさせようとするときには、育児や介護を行うことが困難になる労働者について、その育児または介護の状況に配慮しなければならないという規定があります。

ただし、あくまでも転居を伴う転勤に関しての規制であって、同法は出張に関しての規制ではありませんので、同法では出張命令の制限を受けません。

よって、本件でも育児中の社員が宿泊を伴う出張を拒否した根拠が育児介護休業法に基づくと主張するのであれば、当該主張には理由がありませんので、懲戒処分で対応することになるでしょう。

（弁護士・江畠健彦）

●育介法26条
「労働者の配置に関する配慮」として「事業主は、その雇用する労働者の配置の変更で就業の場所の変更を伴うものをしようとする場合において、その就業の場所の変更により就業しつつその子の養育又は家族の介護を行うことが困難となることとなる労働者がいるときは、当該労働者の子の養育又は家族の介護の状況に配慮しなければならない。」と定められています。

Q105 裁量労働適用者に出張を命じるには特段の規定が必要ですか

当社には裁量労働者がいるのですが、当該社員に出張を命じるためには、就業規則に特別の規定が必要なのでしょうか。

A 業務の基本的事項についてなら命令権あり規定必要ない

ポイント 裁量労働制では業務遂行の手段および時間配分は労働者に委ねられますが、業務の基本的事項は業務命令できますので特段の規定は必要ありません。

1 専門業務型と企画業務型がある

裁量労働制には専門業務型裁量労働制（労基法第38条の３）と企画業務型裁量労働制（労基法第38条の４）の２種類があります。前者は厚生労働省令（労基則第24条の２の２第２項）所定の専門的業務に従事する労働者についての裁量労働制です。後者は「事業の運営に関する事項についての企画、立案、調査及び分析の業務」に従事する労働者についての裁量労働制です。いずれも当該業務の性質上これを適切に遂行するにはその遂行の方法を大幅に労働者の裁量に委ねる必要があるため、当該業務の遂行の手段および時間配分の決定等に関し使用者が具体的な指示をしないこととされています。

2 業務遂行の手段と時間配分は命令できない

このように裁量労働者には業務遂行の手段および時間の配分決定について裁量を持っていますが、使用者の指揮命令下にある労働者である以上は、使用者による指示・命令を一切受けないということではありません。よって、業務遂行の手段につき、逐一、具体的な業務指示をしないまでも、業務の基本的な事項についての指揮命令権限は使用者にあり、業務命令も

Q105 裁量労働適用者に出張を命じるには特段の規定が必要ですか

当然に行えます。

　したがって、出張命令も業務命令の一種であり、かつ、出張は業務内容の変更ではなく就労場所の変更にすぎないことから、前述した出張しないというような特別合意が存しない限り、就業規則に特別の規定がなくとも出張を命じられます。

　以上より、貴社においても、就業規則に出張に関しての特別の規定は不要で、そのような規定がなくとも裁量労働者に対して出張を命ずることができます。

（弁護士・江畠健彦）

●裁量労働制
　専門業務型というのは、研究開発の業務やシステムエンジニア、新聞、出版の編集業務などの特定の業務に適用されるもので、労使協定を締結した場合には、その協定で定めた時間労働したものとみなす制度です。一方、企画業務型は企画、立案、調査、分析の業務で、労使委員会による5分の4以上の決議によって定めた時間労働したものとみなす制度です。

Q106 出張中に宿泊先へ向かう途中の負傷は労災になりますか

出張先で宿泊先のホテルに向かう途中で転倒して負傷しましたが、業務災害になるのでしょうか。また、出張先の友人宅に遊びにいく途中で負傷した場合には業務災害になりますか。

A 出張中は全過程で業務遂行性が認められ業務災害の可能性

ポイント 出張中は特段の事情がない限り全過程に業務遂行性が認められ、積極的な私的行為がなければ業務起因性が認められ業務上の可能性が高いといえます。

1 業務遂行性と業務起因性

負傷が業務災害と認定されるためには「業務遂行性」と「業務起因性」が必要です。業務遂行性とは労働者が事業主の支配下にあることを意味します。また、業務起因性とは業務または業務行為を含めて労働者が労働契約に基づき、事業主の支配下にあることに伴う危険が現実化したものと経験則上認められるということです。よって、業務遂行性は業務起因性の第1次的な判断基準であり、業務遂行性がなければ業務起因性もなく、業務遂行性があっても必ずしも業務起因性があるとは限りません。

そして出張は、出張先・出張期間・出張先での業務などを特定して労働者に命じられるものですから、特段の事情のない限り、出張過程の全般について、使用者の支配下にあると評価できます。よって、この場合には業務遂行性が認められるでしょう。

また、出張中は危険にさらされる範囲が広いため、業務遂行性が認められれば、業務起因性は広く認められると考えます。

他方、出張中の積極的な私的行為は使用者の支配下にあると評価できませんので、業務遂行性が認められないでしょう。

本件についてですが、まず出張先で宿泊先のホテルに向かう途中で転倒して負傷したということであれば、業務遂行性及び業務起因性は認められると考えます。したがって、当該負傷は業務災害になると考えます。

2 友人宅に遊びにいくのは業務外

出張先の友人宅に遊びに行くという行為は私的行為であり、使用者の支配下にあると評価できません。よって、出張先の友人宅に遊びにいく途中で転倒して負傷したということであれば、業務遂行性が認められないと考えます。

（弁護士・江畠健彦）

ひとくちメモ ●出張中の事故
労災保険では、出張中の事故に関しては、自宅から直接用務地へ向かう途中の事故（昭24・12・15基収3001号）や出張地から直接自宅に帰る途中の事故（昭32・10・1基収5268号）などが業務上と認定されています。一方、出張中でも「出張地外で催し物を見学しその帰途において生じた自動車事故」は業務外と判断されています（昭27・12・1基収4772号）。

Q107 出張後に私用で宿泊した帰路の負傷は労災になりますか

社員が平日の出張終了後、翌日の私用のために現地に宿泊し、その帰途に駅の階段で転倒し負傷しましたが、労災に該当するのでしょうか。

A 一般的な順路・方法をとっていれば労災に該当する

ポイント 転倒事故が、出張用務外の目的でとった迂回順路等の途上ではなく、出張先からの一般的な順路等の途上で生じた場合には、業務遂行性が認められ、労災に該当すると考えます。

1 労災認定

労基法および労災保険法の規定に基づく災害補償の対象となる負傷は、業務上の負傷（労基法75条以下、労災保険法1条）であり、業務と傷病との間の相当因果関係（以下「業務起因性」）が認められることが必要です。そして、災害補償の趣旨が当該労働関係における一定の損害に対し特別に労働者を保護するものであることから、業務起因性にいう「業務」とは、労働者の具体的な業務遂行行為のみをいうのではなく、労働者が労働契約に基づき使用者の支配ないし管理下にある状態をいう（以下「業務遂行性」）とされています。

2 出張と業務遂行性

ご質問では、出張の用務終了後に私用のため宿泊し、その帰途に駅で転倒し、負傷したとのことですので、業務遂行性が認められるかが問題となります。

この点、出張中は、労働者がその用務の成否や遂行方法等について包括的に使用者に責任を負うこと、出張の性質上、一定の私的行為は通常行わ

れ得ることなどから、原則として、出張過程全般に業務遂行性が認められ、傷病の原因となる出張中の個々の行為が、積極的な私的行為・恣意行為にわたる場合にのみ、業務遂行性が否定されると解されます（宿泊施設で酔って階段から転倒した事故につき、当該飲酒行為が宿泊を伴う出張に通常随伴する行為ともいえるとし、業務起因性を認めた事案として、大分労基署長事件　平5・4・28　福岡高判　労判648号82頁、出張先の他社従業員の送別会への参加が、同会の趣旨等に鑑み、業務遂行性を否定された事案として、立川労基署長事件　平11・8・9　東京地判　労判767号22頁）。

そして、出張先との往復の途上（以下「出張途上」）において、業務遂行性が否定される「積極的な私的行為等にわたる」場合とは、出張用務外の目的で迂回順路をとる場合や特異な順路・方法による場合をいうと解されています。そのため出張途上においては、一般的に考えられる順路・方法によっている限り業務遂行性が認められます。

3　本問へのあてはめ

当該社員の負傷の原因である転倒事故は帰途に生じたものであり、このような出張途上の場合には前記のとおり、それが出張用務外の目的でとった迂回順路等の途上でなく、当該出張先から一般的に考えられる順路等の途上で生じた場合には、業務遂行性が認められ、労災に該当すると考えます。

（弁護士・本田敦子）

◆ 参考文献 ◆
労務行政研究所編「労災保険　業務災害及び通勤災害　認定の理論と実際」（上）（労務行政）
厚生労働省労働基準局労災補償部補償課 監修「労災保険実務問答［第2集］」（労働調査会）

Q108 海外出張先で武力攻撃に巻き込まれたときは労災になりますか

海外出張先で武装集団の攻撃に巻き込まれ負傷しました。この場合も業務災害に該当するのでしょうか。

A 一般に危険性が内在していると認められるときは業務災害

ポイント 当該業務自体が、経験則に照らし、武装集団からの攻撃に巻き込まれる危険を内在していると一般に見得る場合には、巻き込まれたことで生じた負傷について、業務災害に該当します。

1 出張と業務災害

業務災害に該当するためには当該負傷について「業務起因性」が認められることが必要です。そして、「業務起因性」とは、労働者が労働契約に基づき事業主の支配下にあることに伴う危険が現実化したものと経験則上認められることを指すと解されています。

この点、出張の場合、事業主の指示命令により出張業務に従事することからすると、原則として出発から帰着まで事業主の支配下にあるとみることができます。したがって、その間に発生した災害は原則として「業務起因性」が認められ、海外出張の場合も同じと考えます。

2 海外出張先で武装集団の攻撃に巻き込まれ負傷した場合の「業務起因性」

上記のとおり、海外出張中に発生した災害は原則として「業務起因性」が認められるものの、当該災害が事業主の支配下にあることとは無関係な事情から生じた場合には、業務起因性が認められないことはいうまでもありません。

この点、武装集団の攻撃に巻き込まれて負傷するといったことは、海外出張に行くことにより通常生じることとは言い難く、たまたまその場所に

Q108　海外出張先で武力攻撃に巻き込まれたときは労災になりますか

滞在し巻き込まれたことにより生じるものです。

したがって、海外出張で武装集団の攻撃に巻き込まれて負傷した場合に、どのようなときでも常に、事業主の支配下にあることに伴う危険が現実化したものと経験則上認められるかは疑問があります。

しかしながら、当該業務自体が、経験則に照らし、武装集団からの攻撃に巻き込まれる危険を内在していると一般に見得る場合は、巻き込まれたことで生じた負傷について、事業主の支配下にあることに伴う危険が現実化したものとして「業務起因性」が認められると解されます。

例えば、戦争や内紛が現に生じている、または生じる可能性が高い地域で敵対関係者の攻撃目標になりやすい施設（政府施設など）の建設工事業務に従事するよう命じられた場合などは、当該労働者が従事する業務そのものが武装集団からの攻撃に巻き込まれる危険を内在すると一般に見ることができます。

したがって、この場合に武装集団からの攻撃に巻き込まれ負傷したときには、事業主の支配下にあることに伴う危険が現実化したものとして、「業務起因性」が認められ、業務災害に該当すると考えます。

（弁護士・荻谷聡史）

◆ 参考文献 ◆
厚生労働省労働基準局労災補償部補償課編「海外派遣者労災補償制度の解説」（労務行政）

Q109 紛争地域への海外出張命令は本人の同意が必要ですか

出張先が紛争地域であること等を理由に海外出張命令を拒む社員がおりますが、海外出張は本人の同意がなければ命じられないのでしょうか。

A 業務の必要性と労働環境の不利益を比較衡量

ポイント 労働契約上、海外出張がない旨の合意等がある場合を除き、原則として労務指揮権の範囲内として、海外出張を命ずることができます。ただし、労働環境の不利益と比較衡量が必要です。

1 労務指揮権の根拠・範囲

使用者が業務遂行につき労働者に指揮命令する権限を労務指揮権といいます。労務指揮権の根拠は労働契約にあり、ある業務命令が労務指揮権の範囲内であるかは、当該労働契約の具体的解釈により定まり、その際、就業規則の規定はその内容が合理的である限り、当該労働契約の内容となるとされています（電電公社帯広局事件　昭61・3・13　最一判　労判470号6頁）。

2 出張命令の可否と限界

出張とは、労働者が、使用者の指揮命令を受けて、通常の勤務場所以外の場所で業務に従事することをいい、勤務場所の変更が一時的・臨時的に過ぎないことから、出張命令は、労働契約に基づく労務指揮権の範囲に属し、就業規則に根拠を求めなくとも有効に発することができると解されます（石川島播磨重工業事件　昭47・7・15　東京地判　労判156号45頁）。

ただし、出張命令が嫌がらせ等の目的による場合や、業務上の必要性に比して労働者が不利益を負う場合は、労務指揮権の濫用として無効とされ

ることもあります（前者の事例として、廣崎会事件　昭61・11・28　大阪地判　労判487号47頁（病気欠勤後復職した労働者に対し頻繁に行った出張命令が、業務上の必要性に基づくものといえず、濫用に当たると判断した。）、後者の事例として、京都製作所事件　昭51・11・25　京都地判　労判269号69頁（船上労働を命ずる出張命令が、労働環境を著しく悪化させ、過酷であることから、濫用に当たると判断した。））。

3　本問への当てはめ

　「出張」の概念は国内に限られないので、労働契約上、海外出張がない旨や同意を得て出張させる旨の合意等がある場合を除き、労務指揮権の範囲内として海外出張を命ずることができると考えます。ご質問にある紛争地域への出張については、労働環境の著しい変化や危険等の不利益が考えられますが、その場合でも、労働者の被る不利益（有無・程度等）と業務上の必要性を総合考慮し、前者が過大でなければ発令は可能と考えます。

　なお、当該地域への出張を拒む労働者に対し、業務命令違反として懲戒処分を科すには、検討を要すると考えます（朝鮮海峡における海底線修理のための出航命令を、被撃等の危険を理由に拒否した乗組員に対する解雇が無効とされた事案として、電電公社千代田丸事件　昭43・12・24　最三判　労判74号48頁）。

（弁護士・本田敦子）

◆　参考文献　◆
菅野和夫「労働法　第十版」（弘文堂）
土田道夫「労働契約法」（有斐閣）
土田道夫「労務指揮権の現代的展開－労働契約における一方的決定と合意決定との相克」（信山社）

Q110 海外出張者に出張前の健康診断の受診命令ができますか

海外出張者に対し、出張する前に健康診断の受診命令を出すことができますか。

A 就業規則に規定がない場合でも目的が正当なら可能

ポイント 就業規則で健康診断受診命令が定められていなくとも、①目的の正当性、②手段としての相当性——があれば出すことができます。

1 就業規則に健康診断受診命令を定めた場合

使用者（会社）が、合理的な労働条件が定められた就業規則を労働者に周知させていた場合には、その就業規則で定める労働条件が労働契約の内容になります（労契法第7条）。

したがって、就業規則で健康診断受診命令を出すことができる旨を定めた場合、その内容が合理的と認められ、かつ周知させている限りは、使用者は、海外出張者に対しても、就業規則で定める内容に従い、健康診断の受診命令を出すことが可能です。

2 就業規則で健康診断受診命令が定められていない場合

仮に就業規則に健康診断の受診命令の定めがない場合でも、使用者は労働者に対してその生命、身体等の安全を確保しつつ労働することができるよう配慮する義務（安全配慮義務）を負っています（労契法第5条）。したがって使用者は、同義務を履行するために、たとえ就業規則で定めていなくとも、労働者に対する健康診断受診命令を①目的の正当性、②手段としての相当性——がある限り出すことができると考えます（使用者が就労可否の判断の一要素にするため、医師の診断を労働者に対して要求することについて、当該事案において合理的かつ相当な措置であり指示できると

した裁判例として、大建工業事件　平15・4・16　大阪地決　労判849号35頁)。とはいえ、同命令を出すことができることを明確にするため、就業規則で定めておくことが望ましいといえます。

　例えば、労働者の欠勤が続き、労務を十分に提供できない状況が長期化する場合に、その原因を確認するために健康診断の受診を命じることは、目的の正当性は認められると考えます。また、直ちに同命令を出すのではなく、まずは「健康診断の受診を勧める」というソフトな対応をとった上で、それでも応じない場合に初めて健康診断受診命令を出すという手順を踏むのであれば、手段としての相当性がより認められやすいといえます。

　なお、安衛法が、事業者に対して実施義務を課している健康診断（安衛法第66条第1項）の一つに、6ヵ月以上にわたり、海外派遣をさせる場合に行う医師による健康診断があります（安衛則第45条の2第1項）。ここでの海外派遣には海外出張も含まれており（平元・8・22　基発第462号）、したがって、会社はその従業員を6ヵ月以上にわたり海外出張をさせる場合には安衛法により健康診断を行う義務を負います。他方で労働者は健康診断を受診する義務を負います（安衛法第66条第5項）。

（弁護士・荻谷聡史）

> **●海外派遣者の健康診断**
> 　労働安全衛生規則第45条の2では、第1項で「事業者は、労働者を本邦外の地域に6月以上派遣しようとするときは、あらかじめ、当該労働者に対し…医師が必要であると認める項目について、医師による健康診断を行わなければならない。」とし、第2項で「事業者は、本邦外の地域に6月以上派遣した労働者を本邦の地域内における業務に就かせるとき…医師による健康診断を行わなければならない。」と定められています。

Q111 転勤は就業規則等に明記していないと命令できないのですか

従業員に国内他県支社への転勤を命じましたが、就業規則に転勤に関する規定がないことを理由に転勤命令に従おうとしません。転勤を命じるには、就業規則に転勤を規定する必要がありますか。

A 就業規則等に規定がない場合は個別の合意が必要

ポイント 労働者に対して個別の同意がない場合に転勤を命じるには、就業規則等に転勤に関する規定があることが必要です。転勤に関する包括的条項があったとしても、労働関係の成立や展開の仕方から勤務地が限定された契約であると解釈される場合があります。

1 転勤（配転）命令権の根拠

転勤とは、他の事業場への勤務地の変更を伴う配転です。使用者が労働者に対して配転を命じる際に、就業規則等の労働契約上の根拠を必要とするのかについては、必要とする「契約説」と不要とする「包括的合意説」がありますが、現在の判例・通説は契約説です。

そのため、使用者は、職種や勤務場所について労働契約で合意した範囲内でのみ労働者に配転を命じることができます。もしも、就業規則等に配転に関する規定がないにもかかわらず配転しようとする場合や、就業規則等に定められた職種や勤務場所以外に配転しようとする場合には、労働者の個別の同意が必要となります。

2 包括的な配転条項と職種・勤務地限定の合意

契約説では、配転命令権の内容は、使用者・労働者間の契約の解釈によって決まります。

多くの会社の就業規則には、「業務上の必要性があるときは配転を命じ

ることがある」という包括的な配転条項が設けられていると思います。もっとも、このような包括的な配転条項があるからといって、使用者はいかなる転勤命令でもすることができるというわけではありません。労働者の種類、労働関係の成立や展開の仕方などからも、職種または勤務地を限定する合意がなかったかが判断されます。

　例えば、両親と共に居住する事務職の女性が勤務地の明記された募集に応じて採用された場合、勤務地につき暗黙の合意が認められ、就業規則に包括的な配転条項があったとしても、それは特別な事情が生じた場合の配転規定に過ぎないとした判例があります（ブック・ローン事件　昭54・10・26　神戸地決）。

　他方で、仮に現地採用者であっても、採用時に就業規則上の転勤条項について十分に説明し、労働者がこれを承知して採用された場合は、勤務地についての合意は認められません。

3　転勤命令権の濫用

　勤務地限定の合意があったとは認められない場合、使用者には転勤命令権が認められます。

　しかし、転勤命令権は濫用してはならず、業務上の必要性と本人の職業上・生活上の不利益を比較衡量して、命令の有効性が判断されます。

(弁護士・藤原宇基)

Q112 転居を伴わない配転でも本人の同意が必要ですか

同一県内に複数の営業所を展開しています。転居は必要ないものの、通勤時間がこれまでより1時間程度（片道通勤1時間30分程度）長くなることを理由に、他営業所への配転を拒否する者がいますが、本人の同意がないと配転できないのでしょうか。

A 通勤時間が1時間長くなる程度なら通常甘受すべき不利益の範囲

ポイント 通勤時間が1時間長くなる程度であれば、通常甘受すべき程度を著しく超える不利益とはいえず、同意がなくとも有効と考えられます。

---

1 配転の意義について

企業内において労働者の配置の変更をすることを広く配転といいます。配転は、転勤（勤務地の変更）と配置転換（職務内容の変更）に分けられます。

一般的に、企業は就業規則において配転命令の根拠規定を定めています。労働者は就業規則の規定どおり、企業の配転命令に応じる義務が生じます。仮に就業規則に根拠規定がない場合であっても労働契約を締結したこと自体を根拠として配転命令をすることができますが、就業規則においてあらかじめ配転命令権の根拠規定を定めておくのが安全です。そして、有効な配転命令の場合、これを拒否した場合には企業秩序違反として懲戒事由となり得ます。

2 配転命令の限界

まず、労働契約等において明示的または黙示的に職種や勤務地の限定を規定している場合には、異なる職種や勤務地への配転を命じることは、本人の同意があるかあるいは使用者側に職種や勤務地の変更権が特に与えら

れていない限り無効となります。

　また、企業側に配転命令権があるとされる場合であっても、権利濫用にあたる場合は認められません。権利濫用にあたるかどうかは、一般に、①業務上の必要性、②不当な動機・目的があるかどうか、③通常甘受すべき程度を著しく超える不利益を負わせるものか、の3点により判断されます（東亜ペイント事件　昭61・7・14　最判）。

3　転居を必要としない場合に配転は有効か

　以下、具体的な事例に基づいて考えてみます。ご質問の事例のように、転居は必要としないものの、通勤時間が従来の片道30分程度から1時間程度長くなり、片道1時間30分程度になることを理由として、他の営業所への配転を拒否する者がいる場合には、上記2で述べた、権利濫用に当たるかの判断基準の③が問題になります。

　実際には労働者の種々の事情を考慮しますが、通勤時間についてのみ考えると、それが1時間程度通勤時間が長くなるのにとどまり、転居を必要とせず生活の本拠の変更がないという場合は、労働者が通常甘受すべき程度を著しく超える不利益は認められず、本人の同意がなくても有効であるといえます。

（弁護士・草開文緒）

◆　参考文献　◆
山川隆一「雇用関係法」新世社

Q113 一般職に対しては転勤を命じられないのですか

コース別人事制度により、転勤のない一般職を導入しました。事業所の他県移転に伴い従業員の配転が必要になりましたが、一部の一般職社員が応じず困っています。一般職には転勤を命じられないのでしょうか。

A 転勤を前提にしていない場合は個別の同意が必要

ポイント 転勤を前提とした契約でなければ個別の同意なく命ずることはできません。まずは同意を得るように説得をし、退職勧奨なども検討が必要です。

1 配転の可否：原則

労働契約等において明示的または黙示的に職種や勤務地の限定を規定している場合には、異なる職種や勤務地への配転を命じることは、本人の同意があるかあるいは使用者側に職種や勤務地の変更権が特に与えられていない限り無効となります。

2 コース別管理について

近年、コース別管理制度と呼ばれる制度を採用する会社が増えており、一般的であるともいえるほどです。この制度は、従業員を、幹部候補生として基幹業務を行う「総合職」と、定型的な業務を行い幹部登用は予定されていない「一般職」とに分けて管理する仕組みです。総合職（大卒の本社採用者）の場合、幹部候補生として採用されており、配転により能力開発を予定されていることが多く、当初の契約において勤務地の限定の規定を設けていることはあまりありません。そのため、本人の個別の同意がなくても配転を命じることができます。これに対して、コース別管理におけ

る一般職については、勤務場所は一定地域に限定されているのが普通です。この中間的なタイプとして、勤務地限定総合職などの制度を設ける企業もあります。

3　具体的事例

　例えば、コース別人事制度により、転勤のない一般職を導入した会社において、業務再編に伴い、事業所を他県に移転したとします。それに伴い従業員の配転が必要になりましたが一部の一般職が応じません。このような事例において会社はどのように対処すべきでしょうか。

　転勤を予定していない一般職の場合に、生活の本拠を変更しなければならないような配転を命じることはできません。他県に事業所を移動し、その事業所に通勤するには転居など生活の本拠を変更しなければならない場合には、一般職社員の個別の同意なくして配転を命じることはできないことになります。

　会社としては、同意しない一般職社員をまず説得し、配転に応じてもらうように努力すべきことになります。

　どうしても応じられないという場合には退職勧奨をして会社都合による退職という選択肢を検討してもらったり、場合によっては解雇を考えたりすることもあるでしょうが、よく話し合いを行う必要があるでしょう。

　業務再編による人員整理のときは整理解雇にあたる場合もあるため、特に慎重に行う必要があると思われます。

（弁護士・草開文緒）

◆ 参考文献 ◆
山川隆一「雇用関係法」新世社

●勤務地限定の判例

ひとくちメモ　ブック・ローン事件（昭54・7・12神戸地決）では、就業規則に配転規定があるものの、募集広告などから「勤務場所を和歌山市とする旨の暗黙の合意がなされていたものと推認するのが相当」と判断、一方的な配転命令を無効としました。ただし、「契約後の事情変更等により、債務者側の業務の都合上その勤務場所の変更をしないことが著しく不相当であり、他方、債権者が右変更に応じても特に不利益を生じないような事情が生じているなど特段の事情があるときには……一方的変更権を留保したものと解するのが相当」と示しています。

Q114 セクハラ、パワハラを理由とする転勤命令は有効ですか

特定の部下へのパワハラを繰り返す管理職がおります。部下と引き離すために、管理職を他の事業所へ転勤させることは、権利濫用になるのですか。

A 事実あれば業務上の必要性基礎づけられる

ポイント セクハラ、パワハラが事実であれば、配転は業務上の必要性を基礎づけると考えられます。ただし、軽微なものだと業務上の必要性が認められないリスクも存在します。

1 配転の必要性

特定の部下へのセクハラやパワハラを繰り返す上司がいた場合、事態の改善のための実効的な施策として、上司を配転する、被害者である部下から遠ざけることが考えられます。

この際、被害者である部下を配転させる方法も考えられますが、それが当該部下の望まない配転である場合には、被害を受けたうえに、望まぬ配転を甘受しなければならないといういわば2次的な被害の発生にもつながるため、慎重を期すべきでしょう。

やはりここは、加害行為を行った上司を配転するのが本筋であると考えられます。

2 配転命令の限界

もっとも、職種限定や勤務場所限定の労働契約が締結されている場合は、本人の同意なく限定を超えた配転をすることはできません。

また、判例は、配転命令が権利濫用になる場合として、①業務上の必要性が存しない場合、または②業務上の必要性が存する場合であっても、i

不当な動機・目的をもってなされたり、ⅱ労働者に対し通常甘受すべき程度を著しく超える不利益を負わせるものであるとき等、特段の事情の存する場合を挙げています（東亜ペイント事件　昭61・7・14　最判　労判477号6頁）。

3　本問への当てはめ
(1)　業務上の必要性の有無

本問についていえば、上司の部下に対するセクハラ、パワハラの実態が認められれば、その事実が配転を行う業務上の必要性を基礎づけると考えられます。

ただし、行為の程度が非常に軽微で、上司への注意指導により事態の改善収束が十分可能であるといった状況下で配転を行うような場合、業務上の必要性無しと判断されるリスクも存在します。

(2)　前記ⅰ、ⅱの基準に照らした検討（業務上の必要性ある場合）

業務上の必要性が認められる場合でも、前記ⅰ、ⅱに当たるような場合には配転命令が権利濫用として無効とされてしまう可能性があります。

例えば、被害を受けた部下から遠ざけるためには、部署や事業場を替えれば、ひとまず目的は達成し得るのにもかかわらず、非常な遠隔地に懲罰的に配転する等の行為を行った場合、ⅰ、ⅱに該当するとして無効判断が下る可能性がありますので、慎重な検討が必要になるでしょう。

（弁護士・浦辺英明）

ひとくちメモ　●権利の濫用

民法1条3項では「権利の濫用は、これを許さない」と定められています。労働契約法3条5項においても「労働者及び使用者は、労働契約に基づく権利の行使に当たっては、これを濫用することがあってはならない。」と定められています。

Q115 海外出張中の病気は健康保険と旅行傷害保険のどちらを活用すべきでしょうか

当社では中国など海外に出張する従業員が増えていますが、出張中に体調を崩すことがないか心配です。病気にかかってしまった場合には、健康保険と海外旅行傷害保険のどちらを活用したらよいでしょうか。

A 一般に旅行傷害保険を使うほうが健康保険よりも有利

ポイント 旅行傷害保険の場合、保険金額の範囲内であれば自己負担がありません。また、旅行傷害保険のキャシュレスサービス（保険会社が支払い手続きを代行するサービス）が利用できる場合は、現地で立替え払いの必要がなく、健康保険よりも便利です。

1 健康保険を利用する場合

海外出張中の業務外の傷病には、健康保険の適用があります。健康保険の海外療養費制度を利用すれば、基本的に日本に在住していたときと同じ給付が受けられます。ただし、国内において一般的な治療方法として認められていない処置や保険が適用されない治療を受けた場合は給付の対象外となります。

海外での診療に健康保険証は使えないため、医療費はいったん全額を支払うことになります。帰国後、会社が加入している協会けんぽまたは健康保険組合へ海外療養費を請求することで還付が受けられます。その際、医療機関での診療内容明細書および領収明細書が必要となります。

給付額は、国内での保険医療機関等で給付される場合を標準として決定されます。基本的には、実際に支払った額（実費）が日本国内の保険医療機関等で給付される場合を標準として決定した額（標準額）より大きい場合は、標準額から被保険者の一部負担金相当額を控除した額となります。

Q115 海外出張中の病気は健康保険と旅行傷害保険のどちらを活用すべきでしょうか

　また、実費が標準額より小さいときは、実費から被保険者の一部負担金相当額を控除した額が給付されます。国により医療体制や治療方法および物価も異なることから実費と標準額との差が非常に大きくなることもあります。

　外貨で支払われた医療費については、海外で療養を受けた日ではなく海外療養費の支給決定を行う日の外国為替換算率（売りレート）により円に換算し、還付額を計算します。

2　旅行傷害保険を利用する場合

　旅行傷害保険とは、旅行中に事故や病気等の何かしらのトラブルが発生した際に保障してくれる保険のことです。

　前述のように海外では健康保険証は通用せず、医療費はいったん全額負担となります。費用が数万円程度で済めばよいのですが、入院が必要なケースなど場合によっては数百万円以上の費用を請求されてしまう可能性もあります。

　その点、旅行傷害保険を利用すると、保険金額の範囲内で、医療費の全額がカバーされるため費用面で負担が少なく済みます。

　また、近くに保険会社の提携する病院があれば、キャッシュレスの治療を受けることもでき、その手続きも簡単で便利です。

（田代コンサルティング代表・田代英治）

Q116 マイレージを会社帰属にするにはどのように管理したらよいですか

当社では、経費削減の一環として、これまで特に管理をしていなかった出張で生じた公共交通機関のマイレージ、乗車ポイントなどを会社帰属にしたいのですが、どのように管理すればよいでしょうか。

A 航空会社等が発行する法人カードを利用することで管理する

ポイント 出張時に発生するマイレージについては、会社は関知せず、結果的に個人に帰属させる会社が多いようですが、航空会社が発行する法人カードを利用することで、会社単位で有効活用することが可能になります。

1 出張時に発生するマイレージの取扱いの現状

出張時に航空機を利用すると搭乗者本人にマイレージが積算されます。マイレージの取扱いについて、民間の調査機関の調査*では、「個人の自由とし、会社は関知しない」が多くを占めています。

現状、民間企業では大手といえども規定を設けているところは少なく、大半は、海外出張など社業で得た航空会社のマイレージサービスの帰属権について特別な規定を設けず、結果として「個々の社員のもの」としているようです。

2 マイレージの帰属先は会社・個人のどちらか

マイレージの帰属先を会社にしたい理由は、単に会社の利益のためだけではありません。出張の多い業務を担当する社員は、結果として、そうでない社員よりメリットが増えることになり、不公平になり得ます（あるいは、そう感じる社員も出てきます）。これを防ぐため、マイレージの帰属先を会社としている会社もあります。

Q116 マイレージを会社帰属にするにはどのように管理したらよいですか

　ただ、マイレージのような制度はいろいろな所で普及しつつあり、会社もそれを一つひとつ管理するのが難しくなり、個人に帰属させざるを得ないという面もあろうかと思います。
　一方、「海外出張時に付与されたマイレージを会社に返還する」という旨の規程を整備し、方針を明確にしている会社もあるようです。会社が負担する旅費からポイントが発生するのであり、貯まったポイントも会社に帰属するという考え方が基本となっています。
　いずれにしても、会社に帰属させるためには、社員の理解および具体的方法の周知に向けて、管理変更作業のチェックリストの作成から始めることになります。

3　法人カードの利用による有効活用

　経費削減の一環、あるいは不正請求の防止の観点より、航空券や新幹線・在来線の特急の乗車券等は、利用する社員が購入し、会社に請求する形をとらずに、会社が契約する旅行代理店等から購入する形式をとることが可能です。
　また、航空券等を直接購入する場合には、航空会社等が発行する法人カードの利用により、マイレージを会社単位で有効活用することも可能となります。
　詳細は各社の窓口にお問い合わせください。

（田代コンサルティング代表・田代英治）

＊国内・海外出張旅費の最新実態調査（労務行政研究所、2011年）

> **Q117** 人事異動発令と転勤までの手続きを教えてください
>
> 　九州支店長が体調不良で退職し、急遽、東京本社の課長が赴任することになりました。このような突発的な異動だけではなく、定期異動の場合も含めて人選、内示、発令のスケジュール、引継ぎ、転居先の手配、社会保険の手続き等を教えてください。

A 赴任先の生活面の配慮と社会保険等の手続きが必要

ポイント　定期異動の場合は内示から赴任までの平均的な期間は1ヵ月強です。突発的な異動も定期異動も、発令から転勤までの手続きは社員やその家族の負担を考慮し、できるだけ軽減すべく柔軟に対応したほうがよいでしょう。

1　定期異動の人選、内示、発令、赴任のスケジュール

　定期異動は、人事部が実質的に主導している会社と人事部は各部署から出された希望を取りまとめるコーディネーターの役割をする会社があります。また、若手の異動は人事部主導、中高年や管理職の異動は現場の各部署が主導するという会社もあります。

　定期異動の場合は、人事部が定期異動の発令日の数ヵ月前から原案を検討し始め、(取締役会承認等の)正式な手続きを経て、約1ヵ月前あたりに内示を出す会社が多いようです(突発的な異動の場合は、数日前に内示を出して、本人だけでも先に赴任させることになります)。

　引継ぎは、内示が出るタイミングにもよりますが、本来発令日までに完了しておくのが基本です。内示を受けたらすぐに引継ぎスケジュールの作成に着手し、当人同士だけでなく上司等関係者にも連絡をしておきます。

　なお、民間の調査機関の調査結果(「国内転勤に関する諸取り扱いの実態(2007年、労務行政研究所)」)によると、転勤における「内示→発令→

赴任」の日程のルール化を行っている企業は4割超となっており、特に従業員数が多い企業でルール化の度合いが高くなっています。

同調査では、回答企業の約4割が内示日を発令日の30日以前に設定しており、同じく回答企業の約4割が赴任日を発令日の7日以内で設定しています。

2 転勤があった場合の手続き
(1) 転勤する社員への配慮

内示から発令までの期間を1ヵ月程度で設定し、この期間中に生活面では本人から家族への説明、引越し・子女の教育等の転居異動に必要な事前準備対応等を図ることとし、仕事面では既存業務の引継ぎ等の対応を行います。赴任先に社宅がない場合、赴任前に引継ぎを兼ねて出張したときなどに、転居先を探します。

また、発令から着任までの間は、転居移動の場合には引越しや転入手続き等生活面での環境整備のために、特別に休暇を与えること等も考慮すべきでしょう。転勤休暇については、多くの会社で付与されており、単身で2～3日、家族帯同で4～5日程度です。

着任後は、職場環境・生活環境の変化により、心の病を発症する等メンタルヘルス面でのリスクが高まりやすいため、事前に受け入れる職場の上司を対象としたラインケア教育を行う等の取組みも有効だと思われます。

(2) 雇用保険・社会保険、住民税の手続き

会社の別の事業所に転勤になった場合には、雇用保険と社会保険の手続きが発生します。

雇用保険も社会保険も、支店や営業所など事業所を単位として適用されていますから、会社が同じであっても勤務する事業所が変われば、いった

ひとくちメモ ●メンタルヘルス
「心の健康」という意味で使われます。精神的な側面での健康を言います。特に、職業生活での仕事上のストレスにより心の健康を害するケースが多くなり、職場におけるメンタルヘルスケアが重要な意味を持ってきていると言われています。厚生労働省では平成12年(2000) 8月に「事業場における労働者の心の健康づくりのための指針」を策定して、メンタルヘルスケアの具体的な進め方を示して、各職場での対応を求めています。

ん被保険者の資格を喪失して、新たに被保険者の資格を取得します。
① 雇用保険の手続き
　雇用保険については、転出先の事業所を管轄する公共職業安定所（ハローワーク）に、転勤届を提出します（表1）。
　なお、この届出は、いずれかの事業所について「事業所非該当承認申請書」（支店・営業所の規模が小さく、雇用保険の諸手続きに関して、独立した適用事業所とはせずに上部組織での一括取り扱いを承認してもらう場合）を提出して公共職業安定所の承認を受けることにより、転勤先と転出元が一つの事業場とみなされる場合には、提出の必要はありません。
② 社会保険の手続き
　社会保険については、いったん被保険者資格を喪失して、転勤先で被保険者資格を再取得します。届け出る書類としては、表2のようなものがあります。
　なお、社会保険を本社で一括加入している場合は、転勤の都度、上記の書類を提出する必要はなく、以下の届け出をすればよいことになります（表3）。
③ 住民税の手続き
　前勤務先から新勤務先を経由し、翌月10日までに市町村の担当課に給与支払報告書・特別徴収にかかる給与所得者異動届出書を提出します。
　なお、本社で一括して支払い事務をしているときはこの届出書は不要となります。

（田代コンサルティング代表・田代英治）

Q117 人事異動発令と転勤までの手続きを教えてください

表1

届出書類	提出先	提出期限
雇用保険被保険者転勤届	転出先の公共職業安定所	転勤後10日以内

表2

届出書類	届出が必要とされる場合	提出先・期限
健康保険・厚生年金保険被保険者資格喪失届	転勤した場合	転出元の所轄年金事務所（または健保組合）転勤後5日以内
健康保険・厚生年金保険被保険者資格取得届	転勤した場合	転出先の所轄年金事務所（または健保組合）転勤後5日以内
国民年金第三号被保険者住所変更届	転勤した従業員の配偶者が第三号被保険者であるとき	転出先の所轄年金事務所転勤後14日以内

表3

届出書類	届出が必要とされる場合	提出先・期限
健康保険・厚生年金保険被保険者住所変更届	転勤又は住所変更の場合	本社の所轄年金事務所（または健保組合）
		すみやかに

ひとくちメモ

●第3号被保険者

「国民年金の加入者のうち、厚生年金、共済組合に加入している第2号被保険者に扶養されている20歳以上60歳未満の配偶者（年収が130万円未満の人）を第3号被保険者といいます。保険料は、配偶者が加入している厚生年金や共済組合が一括して負担しますので、個別に納める必要はありません。第3号被保険者に該当する場合は、事業主に届け出る必要があります。」（日本年金機構のホームページより）

Q118 転勤時の諸手当の支給の適否や水準について教えてください

当社は東京に本社があるサービス業の会社です。この度、全国にサービスを展開し、拠点を増やすことになりました。本社社員に転勤してもらうことになりますが、転勤に伴う旅費や補助の支給項目にはどんなものがあり、どのように決めたらよいでしょうか。

A 世間水準を参考に支給項目および支給条件・金額を決定する

ポイント 調査機関が公表している調査結果等を参考にしながら、転勤に伴う旅費や補助の支給項目およびそれらの支給要件や金額を検討します。その際、調査結果をもとに世間水準をおさえたうえで、自社の支払い能力も考慮して決定します。

1 転勤旅費その他の補助項目の検討

転勤は、社員の生活や家計に及ぼす影響が大きいため、企業としてはその取り扱いをきちんと整備しておく必要があります。

転勤に伴う旅費や補助の支給項目としては、転勤旅費（転勤交通費、転勤日当）、荷造運送費、支度料、別居手当、単身赴任者に対する一時帰省往復交通費、子どもの転園・転校費用の補助等が考えられます。いずれも、支給するか否かを含めて会社の任意です。

支給する場合は、単身か家族帯同か、役職・資格別、距離・地域別等によって金額が決定されることが多いようです。

転勤旅費その他の補助項目の検討に際し、あれこれ考え始めると、対応すべき事項が多く、なかなか前に進みません。まずは、検討すべき項目を整理した上で、「要・不要」⇒「要の場合の支給条件」⇒「条件適合の場合の金額」というステップを踏んで進めていくのがよいと思います。

2 最近の世間水準

民間の調査機関の調査＊によると以下のとおりです。

（1）転勤に伴う旅費・補助の支給項目

「荷造運送費」「転勤交通費」「支度料」はおおむね95％以上が支給。別居手当や一次帰省往復交通費の支給といった単身赴任に対する援助も9割以上が実施。

（2）支度料

「単身・複身別または家族数別」の基準を設定している企業が多い。東京～大阪間の家族帯同赴任の場合のモデル支給額は、課長級約23万円、一般約19万円。

（3）別居手当

支給基準は「一律定額」が37％、「役職・資格別または職掌別」が33％とそれぞれ3割台。平均支給額は「一律定額」は約4.2万円、「役職・資格別」は課長級が約4.2万円、一般が約3.5万円。

（4）単身赴任者の一時帰省往復交通費

85％が支給。支給回数は「月1回」が6割超で主流。

（5）単身赴任と住宅手当の取り扱い

住宅手当制度があるのは67％。単身赴任の場合は「本人の居住形態に対して支給」と「家族の居住形態に対して支給」がそれぞれ3割台。

（田代コンサルティング代表・田代英治）

＊国内転勤に関する取り扱いの最新実態（労務行政研究所、2012年）

Q119 単身赴任者の手当は、どれくらい支給されているのですか

新事業所の設立を機に、本社から数人、転勤させることを検討しています。単身赴任の場合に手当を支給するつもりですが、一般的にどれくらい支給されているのでしょうか。

A 約14％の企業で支給され平均は4万6,065円

ポイント 厚生労働省の調査「平成27年就労条件総合調査結果」では、「単身赴任手当、別居手当など」を支給している企業は13.8％で、その平均支給額は4万6,065円となっています。

1 単身赴任手当、別居手当などを調査

この調査は、鉱業や建設業、製造業など16大産業に属する常用労働者が30人以上の民営企業のうち一定の方法により抽出した企業6,302社のうち有効回答のあった4,432社についてまとめたものです。

この調査では、諸手当のうち「単身赴任手当、別居手当など」を支給しているのは、13.8％と前回（平成22年）の15.8％に比べて2ポイント減少しています。

2 企業規模大きいほど支給額高い

この手当の平均支給額は、1人4万6,065円となっています。これを企業規模別に見てみますと、1,000人以上規模では4万8,949円、300〜999人規模では4万3,255円、100〜299人規模では4万2,737円、30〜99人規模では3万6,834円となっています。

全体として、企業規模が大きいほど支給率が高く、支給額も高くなっている傾向が見られます。

（編集部）

Q119 単身赴任者の手当は、どれくらい支給されているのですか

諸手当の種類別支給した労働者1人平均支給額（平成27年11月分）

(抜粋)
(単位：円)

企業規模・年	生活手当					調整手当など	左記のいずれにも該当しないもの
	家族手当、扶養手当、育児支援手当など	地域手当、勤務地手当など	住宅手当など	単身赴任手当、別居手当など	左記以外の生活手当（寒冷地手当、食事手当など）		
平成27年調査計	17,282	22.776	17,000	46,065	9,280	26,100	30,542
1,000人以上	21,671	21,374	19,333	48,949	9,534	21,703	36,524
300〜999人	17,674	22,484	17,818	43,255	7,163	29,221	23,581
100〜299人	15,439	20,132	15,832	42,737	10,557	25,097	26,948
30〜99人	12,180	36,245	14,359	36,834	10,059	28,862	37,027
平成27※年調査計1)	17,561	21,165	17,206	45,900	8,662	26,352	33,321
22 2)	17,835	18,252	16,890	41,001	9,400	26,248	34,821

注： 平成26年調査以前は、調査対象を「常用労働者が30人以上である会社組織の民営企業」としており、また、「複合サービス事業」を含まなかったが、平成27年調査から「常用労働者が30人以上である民営法人」とし、更に「複合サービス事業」を含めることとした。
1) 平成27※年調査計は「常用労働者が30人以上である会社組織の民営企業」で、「複合サービス事業」を含まない集計であり、時系列で比較する場合には、こちらを参照されたい。
2) 平成22年調査計の数値は、平成21年11月分である。
資料出所：厚生労働省「平成27年就労条件総合調査結果」

●就労条件総合調査
厚生労働省が、毎年、主要産業における企業の賃金制度、労働時間制度、労働費用、福祉施設・制度、退職給付制度、定年制などについて総合的に調査しているもので、我が国の民間企業における労働条件の現状を明らかにすることを目的としています。平成27年では、労働時間制度、定年制および賃金制度について調査しています。

Q120 海外出張中のケガに労災保険は適用されますか

東京本社在籍で事業展開プロジェクトに従事する従業員が、本社の命令で2ヵ月ほど中国に出張しました。工場の設立予定地を視察途中に足を踏みはずしてケガをし、現地の病院での治療と何日かの休業をせざるを得なくなりました。この場合、労災保険給付は支給されるでしょうか。

A 海外出張中の業務上の負傷であれば特別な手続きなく労災保険給付が支給される

ポイント 海外転勤や海外出向では労災保険の特別加入の手続きをとる必要がありますが、海外出張であればそうした手続きをとっていなくても、業務上の負傷については労災保険給付が支給されます。

1 海外出張中の労災保険

労災保険法は属地主義をとっていますので、法の適用範囲は国内の事業に限られています。したがって、海外転勤先の海外支店や海外出向先の現地法人の事業には適用がありません。こうした海外転勤や海外出向で働いている労働者を保護するために、海外派遣者特別加入制度が設けられています（法33条6号・7号）。

それでは、海外出張は「国内の事業」なのか、「海外の事業」なのかですが、特別加入を要するか否かについて、通達は以下の観点から勤務実態を総合的に勘案して判断すると説明しています。

① 単に労働の提供の場が海外にあるにすぎず、国内の事業場に所属し、当該事業場の使用者の指揮に従って勤務するのか。

② 海外の事業場に所属して当該事業場の使用者の指揮に従って勤務することになるのか。

つまり、指揮命令の出所が国内か、海外かが検討されるのですが、実際の判断は難しい面もあります。そこで、期間という面から見ると、海外出張といえるのは通常3ヵ月、長くても6ヵ月以内ではないかと考えます。

設問では、東京本社に在籍する従業員が同本社の命令で中国に出張していますし、その期間も2ヵ月ほどのものですから、海外出張と考えられます。したがって、休業補償給付等の保険給付がなされます。

2　後日に療養の費用を請求

出張先である中国には労災指定病院等はありませんので、療養補償給付としての療養の現物給付を受けることはできません。被災した労働者は、いったん中国の病院で療養に要した費用を全額支払い、後日、療養補償給付としての療養の費用を請求することになります。

実際の請求に当たっては、療養の費用の額を証明できる診療担当者の明細書および領収書の添付が必要となります。中国の病院等ですから、中国語での記載となっている場合には、日本語に翻訳したものを合わせて提出する必要があります。

海外での治療は、日本国内で支給対象となる治療の内容と異なる場合がありますので、請求内容が妥当なものかどうかが審査されます。なお、支給に当たっては、療養の費用の支給決定日における外国為替換算率（売レート）によって換算した邦貨（円）で支払われることとなります。

（社会保険労務士・田中朋斉）

Q121 海外出張中、勤務地に赴く途中の事故は通勤災害ですか

東京本社の命令で5日間ほど中国に出張していますが、宿泊中のホテルから事業拠点である中国支社のビルに行く途中で、信号待ちの自動車の間をすり抜けてきたオートバイに跳ねられて、全治3週間のケガをしました。この場合、通勤災害として保険給付が支給されるでしょうか。

A 通勤災害ではなく業務上の負傷として労災保険給付が支給される

ポイント 出張中の個々の行為に際してのケガは、積極的に自らが招いたものと評価されない限り、業務上の負傷として労災保険給付が行われます。したがって、通勤災害でなく業務災害としての保険給付が行われます。

1 出張中の傷病

国内出張であれ海外出張であれ、「出張」は、一般的に事業主(会社)の包括的または個別的な命令によって、特定の用務を果たすために、通常の勤務地を離れて用務地へ赴いてから、用務を果たして戻るまでの一連の過程を含むものと解されています。

そこで出張中は、その用務の成否や遂行方法などについて、労働者は包括的に事業主に対して責任を負っている以上、特別の事情がない限り、出張過程の全般について事業主の支配下にあるといってよく、その過程全般を業務行為とみるのが実際的といえます。

もっとも、出張中にはさまざまな私的な行為が行われることもありますが、それは出張の性質上、仕方のないことでもあります。

したがって、出張中の個々の行為については、積極的な私用・私的行為・恣意行為等にわたるものを除いて、それ以外は一般に出張に当然または通常伴う行為とみて、業務遂行性を認めるのが相当であると解されていま

す。

　具体的には、旅館やホテル内部での通常の宿泊行為中の事故、例えば就寝中火災があって焼死したとか、ホテルで出された食事で中毒症状を起こしたというような場合には、特別の事情がない限り、出張業務に起因するものとされます。

　他方で、出張先の近くの映画館に映画を見にいってそこで負傷したとか、飲み歩いていて街中で交通事故にあったというような、恣意的行為や私的行為によって積極的に自ら招いた災害は、出張業務に起因するものではないと認定されます。

2　私的行為があるか否か

　設問の場合、宿泊中のホテルから中国支社のビルまでの間に遭った事故で、通勤中の事故のようにも思えますが、出張中ですので業務上か否かで判断されます。

　当該労働者が、午後からの業務であるので、中国の名所を見ようと午前中に別の場所に出かけて、その帰り際、中国支社ビルまでの出勤時に、オートバイにはねられてけがをしたなどの事情があれば、出張業務に起因するものではないと認定される可能性もあります。しかし、そうした事情がなければ、原則として業務上のケガとして保険給付が行われることになります。

（社会保険労務士・田中朋斉）

Q122 海外出張中の病気について健康保険の手続きはどうなりますか

東京本社の命令で2週間ほど中国に出張していますが、持病の胃痛に耐えられなくなり、現地の病院にかかることになりました。この場合、健康保険の手続きはどうなるのでしょうか。

A 海外での病院の治療については、療養の費用が支給される

ポイント　中国の現地の病院にかかっていますので、療養の費用はいったん全額自己負担となります。短期の出張ですので、帰国後に保険者に療養の費用を請求して、現金で払い戻しを受けることとなります。

1　後日に療養の費用を請求

　国内で保険医療機関としての指定を受けた病院等にかかる場合には、療養の給付、つまり診察や処置といった現物給付を受けられます。そして、一部負担金として、療養の給付に要する費用の原則30%を支払うこととなります。

　しかし、国外には保険医療機関として指定された病院等はありませんから、療養の給付という現物給付は受けられません。

　そこで、療養の給付が困難であると認めるときは、療養の給付等に代えて、療養の費用が支給されます。海外の病院等で療養を受けたときも、この療養の費用が支給されます。

　この場合、本人はその費用をいったん全額（10割）、現地の病院等に支払う必要があります。そして、後日保険者に療養の費用の支給申請書を提出して、現金の払い戻しを受けることとなります。

　ただし、海外で実際に支払った費用を基準とするのではなく、健康保険法の規定による療養に要する費用の額の算定方法の算定の例によることとされ、そして、その額から一部負担金を控除した額を受けることとなり

ます。

　なお、海外療養費の支給額の算定に用いる邦貨（円）への換算率は、海外で療養を受けた日のものではなく、当該療養費の支給決定日の外国為替換算率（売レート）が用いられます。

　なお、海外での滞在が長い場合には、療養費の支給申請は原則として事業主等を経由して行い、事業主が代理受領し、送金が必要であれば事業主が行うこととされています。

　こうした不便を回避するために、海外派遣者を海外旅行傷害保険に加入させることが一般的となっています。ただし、こうした保険も既往症や妊娠・出産費用、歯科治療には対応していないことが多く、その部分については健康保険で対応することとなります。

2　設問の場合

　中国の現地の病院にかかっていますので、保険証を提示しても、診察や処置などの現物給付を受けて、一部負担金のみを支払うということはできません。いったんは療養にかかった費用を全額負担し、出張も２週間と短期ですので、帰国後に申請することになると思われます。海外旅行傷害保険に入っていたとしても、出張前からの持病の胃痛ということであれば、保険金は出ない場合もあると考えられます。

（社会保険労務士・田中朋斉）

ひとくちメモ

●療養の費用

　健康保険法第87条第1項では「保険者は、療養の給付若しくは入院時食事療養費、入院時生活療養費若しくは保険外併用療養費の支給（以下この項において「療養の給付等」という。）を行うことが困難であると認めるとき、又は被保険者が保険医療機関等以外の病院、診療所、薬局その他の者から診療、薬剤の支給若しくは手当を受けた場合において、保険者がやむを得ないものと認めるときは、療養の給付等に代えて、療養費を支給することができる。」と定められています。

Q123 海外勤務時は現地の社会保険に加入しなければならないのですか

新規プロジェクト立上げのため中国の現地法人に1年ほど出向することになりました。日本と中国の両方の社会保険に加入しなければならないとも聞きましたが、本当でしょうか。

A 社会保障協定の締結国以外では二重に加入しなければならない場合がある

ポイント 社会保障協定の締結国への海外派遣で一時派遣とされれば、日本の社会保険のみに加入すればよいことになります。ただし、中国とは社会保障協定が締結されておらず、二重加入および保険料の掛け捨ての状況が生じる場合があります。

1 二重加入・掛け捨ての問題

海外に比較的長期間滞在することになる海外転勤や海外出向では、その国の公的医療保険や公的年金といった社会保険制度への加入が義務づけられる場合があります。

医療(健康)保険の場合は、病気にならなければ掛け捨てですが、病気になれば海外勤務地にある病院で療養の給付を受けることもあるでしょうし、日本に扶養家族を残している場合にはその家族が日本の病院から療養の給付を受けることも考えられます。

他方、海外で年金保険料を払っても、海外出向等では加入期間が短く受給資格年数を満たさない等の理由で年金を受給できないことも多く、その場合には支払った年金保険料は掛け捨てとなってしまいます。

また、海外赴任者ないし企業は日本でも年金保険料を払っており、二重の保険料の負担が大きいことも問題とされてきました。

そこで、保険料の二重負担とならないように社会保険に加入する場合を

Q123 海外勤務時は現地の社会保険に加入しなければならないのですか

調整し、また、保険料の掛け捨てとならないよう日本の年金加入期間を協定締結国の年金制度に加入していた期間とみなして取扱い、その国の年金を受給できるようにする年金加入期間の通算（図表参照）ができるように、社会保障協定の締結が進められています*。ただし、協定締結国によって

図表

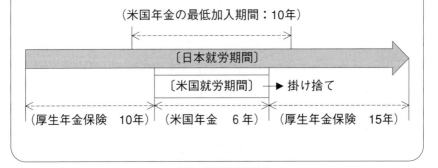

資料出所：厚生労働省「社会保障協定の概要」

相手国の制度内容に応じて取扱いが異なる箇所がありますので、出向先となる国との取扱いを確認する必要があります。

2 社会保障協定の内容は

　社会保障協定の締結国間では、海外転勤や海外出向の場合、原則として就労することになる国の社会保障制度のみに加入します。

　しかし、事業所から協定相手国へ5年を超えない見込みで派遣される場合（一時派遣）には、協定の例外規定が適用され、引き続き自国の社会保障制度のみに加入し、協定相手国の社会保障制度への加入が免除されます。

　他方、5年を超えるとの見込みで派遣される場合（長期派遣）には、協定相手国の社会保障制度に加入することになります。この場合、海外出向者について日本の厚生年金の資格を喪失することになりますが、その場合、企業年金に加入できず、海外出向ゆえの不利益が従業員に生じるということがありました。現在は、社会保障協定発効済みの相手国に長期派遣され、相手国の年金制度にのみ加入する場合、日本の厚生年金保険にも特例的に加入する制度が設けられており、上記不利益が生じないようにすることができます。

　なお、この協定相手国の社会保障制度への加入免除の手続は複雑なものではありません。

　事業主が年金事務所に「適用証明書交付申請書」を提出し、審査の結果、当該申請が認められれば、「適用証明書」が交付されます。この適用証明書を海外派遣者が協定相手国内の事業所に提出します。その事業所が協定相手国から呈示を求められれば、その証明書を提出することになります。

3 中国への出向の場合は

　設問の海外出向先である中国では、2011年7月から社会保険法が施行され、暫定弁法により同年10月から外国人にも適用されています（地方政府によって対応にばらつきがあり、北京・天津・青島・成都・蘇州等では適用されいます）。

　しかし、中国との社会保障協定は、2011年10月から政府間交渉中ですが、

Q123 海外勤務時は現地の社会保険に加入しなければならないのですか

まだ締結には至っていません（2016年6月現在）。したがって、現時点においては、中国への海外派遣者については、社会保険に二重に加入しなければならない場合が生じることがあります。また、保険料は、日本からの派遣者であると算出過程（納付基数）で上限値が適用されることが多く、その年間負担額は最大80万円ほどといわれています。

（社会保険労務士・田中朋斉）

◆参　照◆
＊現在の協約締結（発効）国は、ドイツ・米国・英国・韓国・ベルギー・フランス・カナダ・豪州・オランダ・チェコ・スペイン・アイルランド・ブラジル・スイス・ハンガリーの15カ国。イタリア・インド、ルクセンブルク、フィリピンは署名済み、発効準備中。イギリス・韓国・イタリアについては、二重加入の防止のみで、年金加入期間の通算はない。

Q124 海外勤務中に退職した者は雇用保険がもらえますか

中国の現地法人に出向して2年ほど経ちますが、日本に残してきた妻の具合が悪く、今の仕事は子どもの世話や妻の看護との両立が難しいため、退職することに決めました。新しい仕事を探さなければなりませんが、その間の失業手当は出るのでしょうか。

A 海外出向により資格喪失していなければ退職後に失業手当が出る

ポイント 中国の現地法人から賃金全額が支払われている場合でも、算定対象期間の延長措置により、海外出向前に12ヵ月（6ヵ月）の被保険者期間があれば、失業手当を受給することができます。

1 海外勤務の場合の雇用保険

海外転勤および海外出向等、海外で勤務する者の雇用保険の被保険者資格については、行政手引により、次のように説明されています。
① その者が日本国の領域外に出張して就労する場合は被保険者となる（海外出張）。
② その者が日本国の領域外にある適用事業主の支店、出張所等に転勤した場合には、被保険者となる。現地で採用される者は、国籍のいかんにかかわらず被保険者とならない（海外転勤）。
③ その者が日本国の領域外にある他の事業主の事業に出向し、雇用された場合でも、国内の出向元事業主との雇用関係が継続している限り被保険者となる。なお、雇用関係が継続しているかどうかは、その契約内容による。

2 海外転勤の場合

海外転勤の場合、労災保険のような特別な手続を要することなく、被保

険者資格は継続します。保険給付額等に関わる賃金の計算については、海外勤務の給与がその者が日本国内で勤務する場合に通常支払われるべき給与の額を超えて支払われる場合、その超過額に相当する額は通常実費弁償的な性質を有するものとして、賃金額から除外します。保険料や給付額に関わりますので、除外できるかは具体的に当局に相談するのがベターといえます。

3　海外出向の場合

海外出向の場合も、特別な手続を要することなく、国内の出向元会社と雇用関係が継続していれば、被保険者資格は継続します。

ただし、海外出向先と国内出向元の両方から賃金が支払われ、出向元の賃金が少額の場合、賃金日額の算定等の不利が生ずる（失業給付額が下がる）ことがあります。

そこで、出向元の賃金が低額で通常の計算方法であると賃金日額が著しく低くなる場合には、海外出向直前の6ヵ月間に支払われた賃金総額を基準に賃金日額を算定する方法があります。

また、国内出向元から賃金が全く支払われていない場合、受給資格の有無を判断する算定対象期間2年間（特定理由に該当すれば1年間）に海外出向期間を加えて最長4年間で見て、退職以前のこの期間内に12ヵ月（6ヵ月）の被保険者期間があれば受給資格が認められ、海外出向前の賃金を基準に失業給付額を算定する取扱いがされることもあります。

（社会保険労務士・田中朋斉）

ひとくちメモ

●基本手当の受給要件

雇用保険の基本手当は、雇用保険法第13条第1項で「基本手当は、被保険者が失業した場合において、離職の日以前2年間（当該期間に疾病、負傷その他厚生労働省令で定める理由により引き続き30日以上賃金の支払を受けることができなかつた被保険者については、当該理由により賃金の支払を受けることができなかつた日数を2年に加算した期間（その期間が4年を超えるときは、4年間）。…）に、…被保険者期間が通算して12箇月以上であつたときに…支給する。」と定められています。ただし、第2項では、特定理由離職者や特定受給資格者については、「2年間」を「1年間」に、「12カ月」を「6カ月」とすることが示されています。

『Q&Aで納得！ 労働問題解決のために読む本』
執筆者一覧
（五十音順。所属は平成28年６月現在のもの）

岩本　充史（弁護士／安西法律事務所）

浦辺　英明（弁護士／外井法律事務所）

江畠　健彦（弁護士／石嵜・山中総合法律事務所）

荻谷　聡史（弁護士／安西法律事務所）

草開　文緒（弁護士／外井法律事務所）

田代　英治（社会保険労務士／㈱田代コンサルティング代表）

橘　　大樹（弁護士／石嵜・山中総合法律事務所）

田中　朋斉（社会保険労務士／石嵜・山中総合法律事務所）

田原　咲世（社会保険労務士／北桜労働法務事務所）

爲近　幸恵（弁護士／石嵜・山中総合法律事務所（現在は退所））

塚越　賢一郎（弁護士／石嵜・山中総合法律事務所）

橋村　佳宏（弁護士／石嵜・山中総合法律事務所）

平井　　彩（弁護士／石嵜・山中総合法律事務所）

藤原　宇基（弁護士／岩田合同法律事務所）

本田　敦子（弁護士／安西法律事務所）

Q&Aで納得！労働問題解決のために読む本

平成28年7月15日　初版発行

編　者　一般社団法人 日本労務研究会
発行人　藤　澤　直　明
発行所　一般社団法人 日本労務研究会
〒170-0004 東京都豊島区北大塚1-16-6
TEL：03-5907-6100
FAX：03-3949-6700
http://www.nichiroken.or.jp/

ISBN978-4-88968-109-3　C2032　￥1900E
落丁・乱丁はお取り替え致します。

本書の一部または全部を無断で複写・複製することは、著作権法上での例外を除き、禁じられています。